인간행동과 사회환경

최형임 · 임우현 · 정연모

KNOWLEDGE COMMUNITY 공동체

머리말

사회복지학에서 인간행동과 사회환경은 인간의 성격과 행동을 연구하는 학문으로 중요한 기초 과목이다. 인간 상호 간, 인간과 체계의 상호작용 등 인간에 관한 지식을 기반으로 사회복지실천에 있어서 과학적이고 체계적인 접근이 이루어지기 위한 기본 전제이자 기초가 된다고 할 수 있다. 특히 사회복지사는 욕구나 문제를 가진 개인이 자신의 잠재력을 최대한 발휘할 수 있도록 인간과 사회환경에 개입하는 전문가이다. 그런 면에서 인간행동과 사회환경은 사회복지사의 기본 지식이며, 사회복지실천의 근거가 된다고 할 수 있다.

저자가 오랜 시간 사이버대학에서 인간행동과 사회환경을 가르치면서 가장 아쉬웠던 부분은 내용이 너무 이론적인 데다 방대하기까지 하다는 것이다. 성인학습자들이 대부분인 사이버대학에서 사회복지학을 공부하기 위해 처음으로 만나게 되는 과목이 인간행동과 사회환경인데, 그 내용이 너무 이론 중심으로 이루어져 있다 보니 이 과목을 통해 인간관계에 대한 과학적 지식과 기술을 이해하고 습득하는 데 실패하는 경우를 많이 보게 되었다.

사회복지사라는 직업을 통해 다양한 사람들을 만나고 그들을 지원하는 일에 흥미를 가지려면 인간에 대한 흥미를 먼저 가져야 한다는 생각에서 이 책을 집필하게 되었으며, 학생들이 인간에 대한 흥미를 느끼고 인간을 둘러싼 다양한 환경에 대해 쉽게 접근하도록 하고 싶은 바람이다.

이 책은 인간행동에 관한 이해를 도모하기 위해 4장으로 구성하였다. 특히 사이버대학에서 13주의 수업 형태에 맞추어 한 주에 3강으로 수업을 진행할 수 있도록 핵심적인 내용만을 정리하였다.

제1장은 인간발달과 사회복지실천으로 인간발달과 사회복지실천을 위한 기본 개념을 제시하였다.

제2장은 인간의 발달단계를 구분하고 유아기, 아동기, 청소년기, 성인기, 노년기까지 5단계로 구분하여 각 단계별로 발달의 특성과 발달과업을 소개하고 있으며, 특히 각 발달단계별로 다루어야 할 사회복지실천상의 쟁점을 소개하여 사회복지실천현장에서 활용하는 데에 도움을 주고자 하였다.

제3장은 인간발달이론으로서 인간행동을 이해하는 데 필수적으로 익혀야 할 발달이론들을 다루고 있다. 크게 정신역동이론, 인지이론, 행동주의 이론, 인본주의 이론으로 구분하여 각 이론의 대표적인 이론들을 제시하여 이론에 대한 이해를 돕고자 하였다. 정신역동이론은 정신분석이론을 시작으로 심리사회이론, 개인심리이론, 분석심리이론을 다루고 있으며, 인지이론은 피아제와 콜버그 이론, 행동주의 이론은 스키너와 반두라 이론을, 인본주의 이론은 로저스와 매슬로우 이론을 소개하고 있다.

제4장에서는 사회체계에 대한 이해로서 인간행동을 사회환경의 맥락에서 이해할 수 있도록 사회체계에 대한 이해와 대표적인 사회체계인 가족, 집단, 조직, 지역사회, 문화체계를 간단히 살펴보았다.

인간행동과 사회환경 과목을 통해 인간발달의 개념과 과정을 학습하면서 학생들은 자신의 인생 주기에 대입하여 자신과 다른 사람들을 돌아보는 기회가 되길 바라며, 이론들을 통해 자신과 다른 사람의 다양한 성격과 상황을 이해하는 계기는 물론, 이를 통해 인간발달의 전문적인 이해와 습득이 가능하길 기대해 본다.

이 책은 인간행동과 발달에 대한 이론적 기반을 형성하고, 인간의 성장과 발달주기에 대한 이해와 사회복지실천의 기반을 마련하고자 세심히 노력하였지만, 여전히 부족한 부분이 많을 것이다. 이는 이후 개정판을 통해 보완하고자 하며, 오랜 시간 집필진을 격려하고 도움을 준 공동체 가족 여러분들에게 감사의 말씀을 전한다.

2023년 저자 일동

목 차

목 차

제 1 장

인간발달과 사회복지실천

제 1 장 인간발달과 사회복지실천

1. 인간발달과 사회복지실천

1) 인간행동과 사회환경의 의미

인간은 사회적 존재이며, 다른 사람과의 관계 속에서 자신의 개성을 가지고 그 관계를 유지하며 살아간다. 도움이 필요한 클라이언트를 효과적으로 돕기 위해서는 클라이언트의 성격, 발달과정, 적응이나 부적응뿐만 아니라 그를 둘러싸고 있는 가족이나 지역사회 등 사회체계들과의 관계를 정확하게 분석하는 것이 필요하다. 따라서 사회환경 속에서 살아가는 한 개인의 행동을 파악하는 것은 사회복지의 기본이며, 인간행동과 그 행동이 일어나는 사회적 관계의 상호작용을 정확하게 이해해야 한다.

(1) 인간행동의 이해

① 인간행동의 개념과 관점

인간행동이란 인간의 신체적인 움직임뿐만 아니라 사고나 인지과정 등 정신적 행동을 포함한다. 이는 외부로 관찰이 가능한 여러 행태의 신체적 활동과 얼굴표정, 손놀림, 정신적으로는 느낌, 스트레스 과정도 함께 고려하는 의식·무의식적인 과정이 포함된다고 볼 수 있다. 인간행동은 생의 발달단계마다 특성을 지닌다. 영유아기, 아동기, 청소년기, 성인기, 노년기와 같은 각 발달단계마다 인간은 특이한 행동을 한다. 사회복지사는 생의 발달단계에 따라 공통적으로 나타나는 여러 유형의 행동을 파악하는 노력이 필요하다.

가. 초기관점(19세기 후반~20세기 초)

인간행동을 이해하려는 접근은 초기의 특징으로 정신분석학과 행동주의 심리학의 관점을 들 수 있다.

인간행동을 이해하는 정신분석학적 관점은 무의식에 저장된 초기 아동기의 경험들이 일생을 통하여 지속적으로 인간의 행동에 영향을 준다고 보는 관점이다.

행동주의적 관점은 개인의 과거 생활력이나 부모의 영향, 눈으로 확인할 수 있는 행동에만 중점을 두며, 객관적이고 실험적인 면을 강조하면서 인간의 자율성과 변화 가능성, 주변 환경의 영향을 고려하지 않은 인간행동에 대한 편향된 개입을 하는 관점이다.

나. 20세기 중반

20세기 중반에 접어들면서 인간행동 이해의 관점이 변화하게 되는데, 특히 인간의 사고능력에 초점을 둔 인지이론과 인간의 자유의지와 개인의 고유한 정신적 경험을 강조하는 인본주의 심리학과 생태체계이론에 의해 큰 변화를 겪게 되었다. 인본주의 이론은 인간의 사랑과 이타성, 건강한 인격, 인간경험에 대한 긍정적인 면을 강조하고, 생태체계이론은 세상의 모든 것은 서로 연관되어 있다는 전체 질서와 이 전체 질서 아래에 현존하는 사회질서가 있다는 생태체계관점을 바탕으로, 개인은 한 체계로 존재하며, 이 체계는 가족, 집단, 조직, 지역사회, 국가 따위와 같은 상위체계와 상호작용함으로써 체계 간 영향을 주고받는다는 점을 강조하였다.

따라서 초기에는 눈으로 드러난 행동과 특정 체계 안에서 개인 상호작용에 한정하여 인간행동을 생각하였다면 최근에는 관련 이론의 발달과 함께 개인의 무한한 능력과 다양한 수준의 환경 간 영향을 고려하여 인간행동을 이해하고 있으며, 이러한 인간행동에 관한 이해의 관점이 변화함에 따라 개인을 변화시키기 위한 개입방법 또한 다양해졌다고 볼 수 있다.

② 인간행동과 사회복지실천

사회복지실천에서 특히 인간행동은 클라이언트의 욕구나 문제를 파악할 수 있는 핵심체로서 중요한 의미를 가진다. 이는 사회복지사가 클라이언트의 욕구나 문제를 파악할 때 그의 행동에 중점을 두어야 하기 때문이다. 이렇게 사회복지사가 사회복지실천에 임할 때 인간행동에 초점을 맞추면 이는 심리사회적 성향에 가깝다고 볼 수 있다. 즉, 클라이언트 개인의 특성에 더욱 중점을 둠으로써 클라이언트를 이해해 나가는 데 필요한 지식과 기술을 동원할 수 있다.

(2) 사회환경의 이해

① 사회환경의 개념과 관점

사회환경은 인간의 제반 생활에 직・간접으로 영향을 미치는 조건이나 형편을 말한다. 이는 사회를 구성하고 있는 구성원의 공통된 성격, 문화를 둘러싼 체계, 제도, 전통 등이 녹아 있다. 사회환경은 개인을 둘러싸고 있는 가족, 동료집단, 조직, 기관, 지역사회, 국가 등이며, 자연환경은 지형, 고도, 기후, 날씨, 천연자원 등이다.

사회환경에 대한 관점으로는 인간에 의해 구성된 집합체에 중점을 두고 가족, 집단, 조직, 지역사회에 주목하고 환경 속에서 구성원 간의 교류를 강조하는 사회학점 관점과, 인간과 접하고 있는 자연환경에 중점을 두고 있으며 인간을 거주지에 연결된 환경으로부터 영향을 받는다고 보는 생태학적 관점이 있다.

20세기 중반에 들어서면서 생태학적 관점은 사회체계이론과 결합하여 생태체계점 관점으로 발전하게 되면서 사회환경은 더욱 넓은 개념으로 발전하였다. 생태체계점 관점은 체계의 모든 부분이 서로 관계·연계·의존하고 있다는 사회체계이론을 부과함으로써 개인의 기능과 관련하고 있는 상·하위체계는 물론 여타 체계들의 영향을 중시한다.

사회환경은 인간행동에 영향을 미치는데, 이는 단순한 영향뿐만 아니라 자원으로도 존재하므로 사회복지사는 생태체계적 관점을 바탕으로 한 통합적 시각으로 사회환경을 이해하고 활용하여야 한다.

② 사회환경과 사회복지실천

환경 속의 인간을 강조하는 사회복지실천은 사회환경과 밀접한 연관을 가진다. 이것은 사회복지실천에서 사회환경은 클라이언트에게 중요한 영향체계로서 의미를 지니기 때문이다. 클라이언트를 둘러싼 사회환경으로서 가족, 집단, 지역사회는 클라이언트에게 다양한 유형의 영향을 미친다. 여기에 최근에는 문화가 권력으로 등장하면서 눈에 보이지 않는 개인의 환경으로 강조되기도 한다. 결국 사회복지사는 클라이언트를 둘러싸고 있는 다양한 수준의 사회환경을 온전하게 이해하여야만 올바른 사회복지실천이 이루어질 수 있을 것이다.

정리하기

- 인간행동의 이해
  - 인간의 신체적인 움직임, 사고나 인지과정 등 정신적 행동
  - 의식·무의식적인 과정
  - 인간의 행동은 생의 발달단계별로 특징을 지님
- 사회환경의 이해
  - 인간의 제반 생활에 직·간접으로 영향을 미치는 조건이나 형편
  - 구성원의 공통된 성격, 문화를 둘러싼 체계, 제도, 전통 등이 녹아 있음

- 가족, 동료집단, 조직, 기관, 지역사회, 국가, 자연환경
• 사회복지실천에서 인간행동과 사회환경
  - 사회복지사의 전체 활동, 즉 사회복지실천에서 중요한 의미를 지님

2) 사회복지실천에서의 인간행동과 사회환경

인간행동과 사회환경이 사회복지사가 알아야 할 중요한 기초지식 중 하나라는 것은 이 지식이 인간을 온전하게 이해하게 한다는 데 근거한다. 사회복지실천에 대한 이해는 개인, 가족, 집단, 조직, 지역사회와 밀접히 관계되어 있기 때문에 사회복지사가 익혀야 할 중요한 기초지식이라고 할 수 있다. 먼저 인간행동과 사회환경이 사회복지실천이 기초지식임을 밝히기 위해 기존의 사회복지실천 관련 연구자들이 강조하는 사회복지실천의 토대를 정리하였다.

(1) 사회복지실천에서 이론의 필요성

이론이란 관찰한 현상을 조직하고 이해할 수 있는 준거틀을 제시해 주는 논리적 개념체계(Hempel, 1960)이다. 이는 관계를 확인하고 설명력을 지닌 요인을 발견하도록 도움을 주며, 하나의 현상을 관찰하여 관련된 현상들을 이해할 수 있도록 하기 위하여 사실의 여러 측면을 결합시킨다.

사회복지사는 사회복지실천을 위해 환경 속의 인간을 설명할 수 있는 인간행동 이론에 대한 실천적 지식을 지니고 있고, 동시에 사회복지실천기술을 능숙하게 활용할 수 있다면, 전문직으로서의 원조를 명확히 할 수 있다.

그 예로 사회복지사가 자살위기에 있는 청소년에 대하여 개입을 할 경우 사회복지사는 청소년기의 심리·사회적 발달 특징에 대한 지식과 이론을 숙지하여야 하며, 청소년과 자살 간의 관계 및 자살하려고 시도하는 사람의

심리사회적 특징을 정확히 파악하고 있어야 한다. 또한 사회복지실천은 접수 및 참여유도, 자료수집 및 사정, 계획, 개입, 평가의 과정으로 이루어지며 이 과정에서 지식과 이론은 아주 중요하게 작용한다.

(2) 사회복지실천에서의 인간행동과 사회환경

① 사회복지실천에서의 인간행동은 클라이언트의 욕구나 문제를 파악할 수 있는 핵심체이다.

② 사회복지실천에서의 사회환경은 클라이언트에의 중요한 체계이다.

③ 환경 속의 클라이언트를 이해하기 위해서는 클라이언트가 관계하고 있는 다양한 체계수준의 환경을 고려하여 통합적으로 이해하여야 한다.

④ 사회복지실천에서 개인과 사회환경은 사회복지사의 활동현장이다.

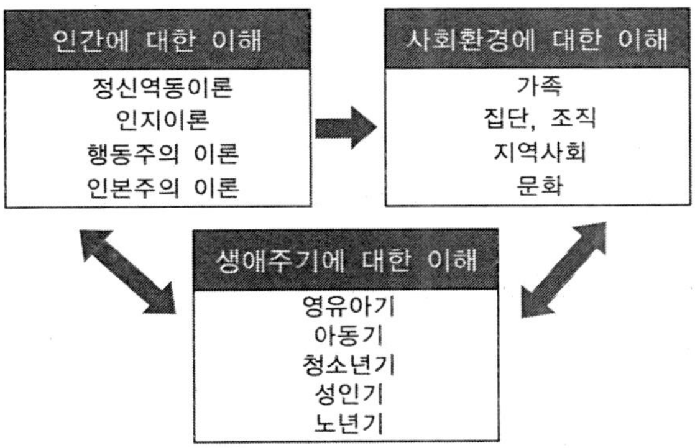

|그림 1-1| 인간행동과 사회환경의 이해의 틀

(3) 인간행동과 사회환경 이해를 위한 과제

실천가로서 능력 있는 사회복지사가 되기 위해서는 좋은 정신과 합당한 기초지식을 바탕으로 한 다양한 개입의 기술을 갖추어야 한다.

① 사회복지실천을 위한 토대 강화

인간행동을 이해하기 위한 심리학의 제반 이론과 사회환경에 대한 이론과 개념, 그리고 인간과 사회환경 간 상호작용을 설명하는 이론과 관점을 이해하여야 하며, 이러한 지식은 앞으로 전문가로 활동하기 위한 토대가 될 것이다.

② 사회복지실천의 환경 직시

클라이언트 개인은 물론 그를 둘러싼 가족 및 체계별 사회환경 및 개인과 환경 간의 상호작용을 함께 이해해야 한다.

③ 다양한 경험을 통한 역량 강화

사회복지현장의 다양한 사례를 통해 직접·간접적인 경험을 하여 사회복지사로서의 역량을 강화하여야 한다.

정리하기

- 사회복지실천에서의 이론의 필요성
  이론은 관찰한 현상을 조직하고 이해할 수 있는 준거틀을 제시해 주는 논리적인 개념 체계
- 사회복지실천에서의 인간행동과 사회환경
  사회복지사의 개입활동은 무작위적인 것이 아니고 자신이 수용하고 활용하는 이론이 반영된 것이기에 전문실천을 위한 이론과 지식이 반드시 필요
- 인간행동과 사회환경의 과제
  환경 속의 인간을 설명할 수 있는 인간행동 이론에 대한 실천적 지식을 지니고 사회복지실천기술을 능숙하게 활용할 수 있다면 전문직으로서의 원조를 명확하게 할 수 있음

3) 인간발달과 사회복지실천

(1) 인간발달의 개념

인간은 정체되어 있는 것이 아니라 환경 속에서 상호작용하며 전 생애를 통해 역동적인 변화를 거듭한다. 이를 발달이라고 하며, 인간발달에 대한 연구는 다양한 목적에 의해 설명된다(이인정 · 최해경, 2006).

- 태아기로부터 노년기에 이르는 발달은 어떤 과정으로 이루어지는가?
- 전 생애에 걸친 발달과 변화에 영향을 미치는 요소들은 무엇인가?
- 인간발달에 있어서 육체적, 인지적, 정서적, 사회적 기능은 어떻게 상호작용하는가?
- 각 단계에서 중요한 사회적 관계는 인간발달에 어떠한 영향을 미치는가?

인간은 수정하는 순간부터 죽을 때까지 전 생애를 통하여 끊임없이 변화하고 발달한다. 인간의 변화는 신체적, 심리적, 사회적, 문화적 측면에서 다양하게 일어나며, 그것은 상승적인 변화뿐만 아니라 퇴보적인 변화를 포함하기도 한다.

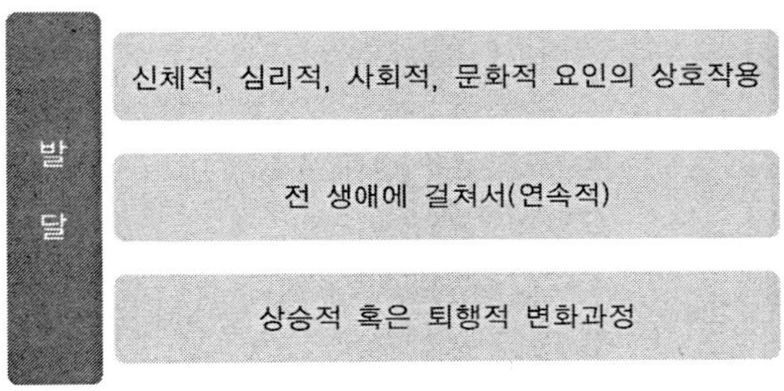

(2) 발달의 원리

- 인간의 성장과 발달은 유전과 환경의 상호작용에 의해 이루어진다.
- 인간의 발달은 전 생애를 통해 이루어진다.

- 인간의 발달에는 결정적인 시기가 있다.
- 발달에는 일정한 방향이 있다(상체 → 하체, 중심 → 말초, 전체활동 → 특수활동).
- 발달은 연속적인 과정이지만 그 속도는 일정하지 않다.
- 발달에는 개인차가 존재한다.
- 발달은 점성적 원리를 따른다.

(3) 발달단계에 따른 과업

① 영유아기의 과업

- 보행학습을 한다.
- 고형분 음식물을 섭취하는 학습을 한다.
- 언어를 학습하고 배변 방법을 학습한다.
- 성차를 인식한다.
- 환경에 대한 개념을 형성한다.
- 타인과 정서적 관계를 형성하는 것을 배운다.
- 양심이 발달한다.

② 아동기의 과업

- 놀이에 필요한 신체기술을 익힌다.
- 자신에 대한 건전한 태도를 가진다.
- 또래친구 사귀는 법을 익힌다.
- 성역할을 학습한다.
- 기본 학습기술을 습득한다.
- 양심, 도덕, 가치체계의 발달이 이루어진다.
- 사회집단과 제도에 대한 태도가 발달한다.

③ 청소년기의 과업

- 자신의 신체 및 성역할을 수용한다.
- 동성 · 이성 친구와의 관계를 형성한다.
- 부모로부터 정서적으로 독립한다.
- 경제적 독립의 필요성을 인식한다.
- 직업을 선택하고 직업생활을 준비한다.
- 유능한 시민으로서의 기본 지적 기능과 개념을 획득한다.
- 사회적 책임에 맞는 행동을 한다.
- 과학적 세계관에 근거한 가치체계를 수립한다.

④ 성인기의 과업

- 배우자 선택
- 배우자와의 생활방법 학습
- 가정형성
- 자녀양육과 가정관리
- 시민으로서의 의무 완수
- 친밀한 사회적 집단 형성

⑤ 중 · 장년기의 과업

- 사회적 의무를 완수해야 하며, 경제적 표준생활을 확립하고 유지한다.
- 십대 자녀를 훈육하고 교육한다.
- 적절한 여가선용을 위해 노력한다.
- 배우자와 친밀한 관계를 유지하며 중년기의 생리적 변화를 인정하고 적응한다.
- 노년기 부모 부양의 역할에도 적응한다.

⑥ 노년기의 과업

- 신체적 건강 쇠퇴에 적응한다.
- 은퇴와 수입 감소에 적응한다.
- 배우자 사망에 대하여 적응한다.
- 동년배와의 유대관계를 재형성한다.
- 사회적 시민의 의무를 수행한다.
- 생활에 적합한 물리적 환경을 조성한다.

(4) 인간발달단계의 사회복지실천에 대한 기여

- 생활주기를 순서대로 정리할 수 있는 준거틀을 제공하여 준다.
- 각 단계에서 수행하여야 할 발달과업이 무엇인지 제시해 준다.
- 전 생애에 걸쳐 일어나는 변화의 과정을 설명할 수 있다.
- 생활 전반에 대한 안정성과 변화를 파악할 수 있다.
- 특정 발달단계에서 특징적으로 나타나는 발달적 요인을 설명해 준다.
- 발달을 구성하는 다양한 신체·심리·사회적 요인을 파악할 수 있다.
- 이전 단계의 결과가 다음 생활단계에 미치는 영향을 파악할 수 있다.
- 이전 단계의 결과에 의해서 형성된 각 단계에서의 성공과 실패를 설명할 수 있다.
- 개인적인 발달의 차이를 파악할 수 있다.

정리하기

• 발달의 개념

인간은 태어나서 죽음에 이르기까지 환경과 끊임없는 상호작용을 통하여 안정을 유지하고 변화하고 발달해 감

• 발달의 원리

- 발달은 유전과 환경의 상호작용에 의해 이루어짐
- 발달은 전 생애를 통해 이루어짐
- 발달에는 결정적인 시기가 있음
- 발달에는 일정한 방향이 있음
- 발달은 연속적인 과정이지만 그 속도는 일정하지 않음
- 발달에는 개인차가 존재
- 발달은 점성적 원리를 따름

• 발달단계에 따른 과업

인간의 생의 주기에 따라 발달단계를 나눌 수 있으며, 단계별로 해결해야 할 과업들이 주어짐

제 2 장

인간의 발달단계

제 2 장

인간의 발달단계

인간은 수정되는 순간부터 죽음에 이르는 과정 동안 신체적, 지적, 정서적, 사회적 변화를 겪게 된다. 이러한 유기체 내에 잠재해 있는 본질 또는 가능성이 점차 그 모습을 드러내는 현상을 발달이라고 한다(손광훈, 2010). 발달은 지속적인 역동적 변화 과정이지만 전 생애를 놓고 볼 때 기간에 따라서 서로 다른 생리·심리·사회적 발달의 특성이 나타난다. 이와 같이 시간의 흐름에 따라 나타나는 인간의 특징적인 발달을 근거로 하여 과정을 세분화하는 것을 인간발달단계라고 한다(손광훈, 2010). 여기에서는 인간발달단계를 성장·발달과 사회복지실천상의 쟁점 등을 고려하여 유아기(태아기, 영아기 포함), 아동기, 청소년기, 성인기, 노년기 발달로 구분하여 살펴보기로 한다.

1. 유아기의 발달

태아기는 수정이 이루어지는 순간부터 출생하기까지의 시기이며, 영아기는 0~2세 사이의 시기로서 제1성장급등기라고 할 수 있다. 유아기는 3~6세 사이의 시기에 해당한다. 이 시기는 인간발달의 초기 단계로 매우 중요한 의미를 가진다. 인간발달의 과정을 환경과 연결하여 통합적으로 이해하기 위해 태내기와 유아기로 구분하여 상세 내용과 사회복지실천상의 쟁점을 살펴보기로 한다.

1) 태내기 발달

태아는 수정 후부터 약 280일 동안 어머니의 체내에서 성장하게 된다. 이 기간 동안 여러 신체기관이 형성되고 기능이 시작되며 기관의 크기와 무게가 급격히 증가한다. 태내발달은 어머니의 체내에서 이루어지지만 다른 어느 시기 못지않게 환경의 영향을 크게 받으며 그 영향은 치명적일 수 있다(송명자, 1999 : 59). 여기에서는 태아의 발달단계 및 태아발달에 영향을 미치는 요인 및 임신이 부모에게 미치는 영향에 대하여 살펴보고자 한다.

(1) 태아의 발달단계

① 1단계 : 발생기, 배종기(germinal stage)

수정란이 수정되어 자궁벽에 착상하는 시기이며 수정 후 약 2주 동안의 기간을 말한다. 이 시기에는 융모막, 양막과 태반이 형성된다. 태반은 태아의 분비물을 어머니의 혈액 속으로 내보내고 태반에서 합성된 산소와 영양물질을 탯줄을 통해 태아에게 공급한다. 양막은 외부충격을 막아주고 온도를 일정하게 유지해 주는 역할을 함으로써 태아가 안전하게 성장할 수 있도록 도와준다.

② 2단계 : 배아기(embryonic stage)

배아(embryo)는 분화하는 유기체를 말하며 착상에서 임신 8주까지의 기간을 말한다. 배아는 4주가 되면 심장과 중추신경계를 형성하고 6주가 되면 내부 생식기, 눈, 귀, 사지가 형성된다. 8주가 되면 심장이 소량의 혈액을 순환시키기 시작하며 뇌, 간, 신장이 형성된다. 배아기 끝 무렵, 얼굴 특징이 분명해지며 유전적 결함을 확인할 수 있다. 임신 3개월 이전, 이 시기 동안 각 기관이 급속하게 형성되는 만큼 바람직하지 못한 환경의 영향에 민감하게 반응한다. 배아의 결함이 크면 더 이상 살지 못하고 자연유산이나 각종 발달장애로 나타날 수도 있다(송명자, 1996 : 59-60).

③ 3단계 : 태아기(fetal stage)

태아(fetus)는 성장하는 유기체를 말하며 임신 3개월에서 출생까지의 기간을 말한다. 태아는 외형적으로 완전한 인간의 모습을 갖추며 각 기관체계, 사지, 근육들이 기능하기 시작한다. 또한 홍채 발달, 잇몸 아래치아 형성, 손발톱의 발달, 간의 기능이 시작되는 시기이다. 임신 7~9개월에는 태아의 발달이 완성된다. 태아기를 분기별로 구분해 보면 1분기(임신 3개월 말경)에는 성별이 구별되고 움직임이 나타나며, 소화기관이 발달하기 시작한다. 2분기(임신 4~6개월)에는 빨고 삼키기가 시작되어 단맛을 선호하는 경향을 보인다. 태동과 감각수용기가 발달하고 촉각이 민감해지며 접촉을 인식하며 빛에 반응하기 시작한다. 3분기(임신 7개월부터 출생)에는 키와 몸무게가 급격하게 증가하고 어머니의 신체 바깥에서 생존이 가능해진다. 어머니의 태반이 퇴화하고 항체가 태아의 혈액에 유입되어 이를 통해 생후 수개월 동안 질병 저항력을 갖게 된다.

(2) 태아발달에 영향을 미치는 요인

태아발달은 어머니의 체내에서 이루어지지만 어머니를 둘러싸고 있는 보다 큰 세계로부터 완전히 분리되어 있지 않다. 태아발달에 영향을 주는 요인을 환경적 요소를 포함한 임신부의 영향과 유전적 요인으로 구분해서 살펴보고자 한다.

① 임신부의 영향

태아발달에 영향을 주는 임신부 요인으로는 정서상태, 영양상태, 약물복용, 흡연, 알코올, 임신연령, 출산경험 등이 있다. 일반적으로 임신부의 정서상태는 태교, 영양상태는 태아의 건강과 관련이 있다. 약물복용 및 흡연은 호르몬 교란, 카페인 남용, 산소부족에 의한 대뇌이상, 저체중 등과 연관된 것으로 알려져 있다. 알코올은 태아알코올증후군과 관련 있으며 임신연

령은 이상적인 자궁환경이 조성되는 시기(18~35세)와 관련이 있다. 출산경험은 출산 후 산모의 내분비계 완전회복까지 4년 정도가 걸리는 것으로 알려져 있다.

② **유전적 요인**(유전자 결합에 의한 기질적 차이)

태아는 유전적 요인에 의해 신체적 성숙과 관련된 한계와 성숙 속도, 기질적 차이를 만들어 내며 비정상적 발달이 초래된다. 신체적 특성뿐만 아니라 사회성, 활동적 성격과 같은 기질적 측면도 유전적 요소의 영향을 받는다. 발달장애의 유전적 원인과 발달과정을 정리하면 〈표 2-1〉과 같다.

<표 2-1> 발달장애의 유전적 원인과 발달과정

발달장애	유전적 원인과 발달과정
다운증후군	21번 염색체 이상 염색체의 수가 47개, 몽고증이라고 불림. 지능은 40~60이지만 성격이 매우 다정하고 쾌활하고 사교적임
터너증후군	성염색체 이상, X염색체가 1개(XX가 아닌 XO)인 외견상 여성이지만 여성 호르몬의 부족으로 이차적 성 발달이 없고 난소가 제 기능을 하지 못함. 목이 매우 가늘고 키가 작음
클라인펠터 증후군	XXY, XXXY, XXXXY 성염색체를 가지고 있어 남성의 특성이 약함. 정자의 생산이 불가능하므로 생식이 불가능함. 약 25%가 지적장애를 지님
혈우병	혈액이 응고되지 않는 선천적 장애로 성염색체인 X염색체의 이상에 의해 발병되며 질병저항력이 약함
페닐케톤뇨증	단백질 분해효소가 결여되어 신진대사 장애. 과민성, 활동과다, 경련성 발작, 심각한 지적장애 등을 일으킴

출처 : 이근홍(2015). 인간행동과 사회환경, pp. 39-40 재정리.

(3) 임신이 부모에게 미치는 영향

① 어머니의 생리적 변화

임신부는 태내의 태아 성장과 발달에 밀접한 관계를 맺고 있으며, 이로 인해 임신 기간 중 다양한 생리적 변화가 나타난다. 대표적으로 임신부는 자궁 및 가슴 확대, 체중증가, 소화기관, 호흡기관, 비뇨기관의 부담, 메스꺼움과 구토, 임신중독(고혈압, 급속한 체중증가, 지속적 구토 등)을 경험하게 된다. 이와 더불어 정서적 긴장을 경험할 수 있다.

꾸바드 증후군(Couvade syndrome)

- 예비 아버지들이 아내의 임신과 분만 동안 아내와 유사한 증상을 경험하는 현상
- 현대적 해석 : 무의식적 반응, 아내 고통에 대한 감정이입, 임신한 아내에 대한 무의식적 선망의 표현

정리하기

- 태아의 발달단계
  - 태내기의 발달은 발생기(수정~2주), 배아기(3~8주), 태아기(3개월~출생)의 3단계를 거치게 됨
  - 태내기는 일생에서 가장 빠른 성장이 이루어지는 시기
- 태아발달에 영향을 미치는 요인

  유전적 요인과 함께 어머니의 특성 혹은 약물복용과 같은 외부 환경적 요인이 태아에 미치는 영향은 큼
- 임신이 부모에게 미치는 영향

  임신은 어머니에게 신체적·정신적 영향을 끼침

2) 유아기 발달

유아기는 신체적 발달과 인지적 발달이 급속히 진행되는 시기이다. 이 시기는 신체적으로 보행 학습, 감각발달이 이루어지며 신체가 전체적으로 균형을 잡아가면서 운동기술이 발달하여 독립된 개체로 활동하게 된다. 인지적으로 목적지향적이고 대상영속성이 확립되어 언어발달이 진행된다. 또한 주의집중력과 지각변별력이 발달하지만 자아중심성, 직관적 사고, 물활론, 상징적 기능, 꿈의 실재론 등과 같은 특징이 나타난다.

여기에서는 유아기 신체기능 발달, 심리적 발달, 사회적 발달에 대해서 살펴보고자 한다.

(1) 유아기 신체기능의 발달

① 유아기의 개념

유아기는 출생에서 초등학교 입학 전까지의 시기를 의미하며 학자에 따라 영아기, 걸음마기, 학령전기로 세분화하기도 한다. 이 시기는 급격한 신체발달이 이루어지는 시기인 동시에 심리 사회적 측면에서도 인격의 기본적인 토대가 형성되는 시기이다.

② 신체와 운동기능의 발달 특성

신생아는 평균적으로 몸무게 2.4~4.5kg, 키 45~55㎝ 정도에서 만 2세가 되면 출생 시에 비해 키가 약 1.6배 정도 성장한다. 출생 직후에는 주로 반사반응을 하며 대표적인 반사운동 유형과 특성은 〈표 2-2〉와 같다.

〈표 2-2〉 신생아 반사운동 유형

유 형	반사운동의 특성
빨기반사	입에 닿는 것은 무엇이든 빠는 반사운동
젖찾기 반사	입 부근에 부드러운 자극을 주면 자극이 있는 쪽으로 입을 벌리는 반사운동
모로반사	팔다리를 벌리고 손가락을 펴고 머리를 뒤로 젖히는 반사운동
쥐기반사	손에 잡힌 것을 꽉 쥐고 놓지 않으려는 반사운동
바빈스키반사	발바닥을 간지럽게 하면 발가락을 발등 위쪽으로 부채처럼 펴는 반사운동

유아기에는 성장과정에서 운동발달과 조작능력 발달이 이루어지며 성장단계별 운동 및 조작능력 발달의 내용을 살펴보면 〈표 2-3〉과 같다.

<표 2-3> 성장단계별 운동 및 조작능력 발달

발달단계	운동능력	조작능력
1개월	턱 들기	
2개월	엎드린 상태에서 가슴 들기	
3개월	몸 뒤집기	
4개월	받쳐주면 앉기	물건에 손 뻗치기
5개월		물건에 손을 대고 잡으려고 시도
6개월		물건을 움켜쥠
7개월	붙잡고 서기	물건을 손으로 잡음(7~8개월)
9개월	붙잡고 걷기	물건을 비교적 정확하고 힘 있게 잡음
11개월	혼자 서기	
12개월	혼자 걷기	물건을 두세 손가락을 사용하여 손가락 끝으로 정확히 잡음(12~14개월)
16개월	손잡고 계단 오르내리기	
24개월	혼자 계단 오르내리기, 달리기	

신체적 성장과 근육운동은 균형 잡기, 기어오르기, 걷기와 발 운동기구 사용으로 연결되며, 생활기술 발달에 영향을 주게 된다.

신장은 3세 이후에 매년 6cm 이상 성장하여 4세경에는 출생 시의 2배 이상이 되며 체중도 매년 2kg 정도가 증가하여 5세가 되면 출생 시의 5배 이상이 된다. 신체적인 모습은 신체에서 머리가 차지하는 비율이 낮아져 성인의 모습과 비슷해지며, 턱이 커지고 목이 길어지며 몸통과 팔다리도 길어지고 복부근육이 발달하여 몸이 날씬해진다. 치아는 2~3세경이 되면 상하 20개의 유치가 완전히 갖추어져 음식을 잘 먹을 수 있으며 5세경부터 유치가 영구치로 바뀌게 된다. 이 시기에 정상적으로 성장하고 건강한 신체를 지니기 위해서는 충분한 영양을 섭취해야 하며 규칙적인 생활습관을 지니며 사고와 질병으로부터 보호를 받아야 한다.

(2) 유아기 심리적 발달

① 지각과 인지발달

유아기의 인지수준은 피아제의 인지발달단계인 감각운동기, 전조작기, 구체적 조작기, 형식적 조작기 중 감각운동기(출생~2세)와 전조작기(2~7세)에 해당하며, 감각운동기의 중요한 과제는 대상영속성을 획득하는 것이다.

> **대상영속성**
> - 사물이 눈앞에 보이지 않거나 만질 수 없을 때에도 여전히 존재한다는 것을 아는 것
> - 감각운동기의 3단계 말기경 개념의 전조가 나타남
> - 24개월 정도에 형성
>
>   ※ 대상영속성의 중요성 : 어떤 사물이나 사람이 눈앞에 보이지 않을 때, 상실감을 느끼고 그것을 되돌아오게 하려고 노력함
> - 대상영속성의 개념을 바탕으로 세계에 대한 기대와 계획을 세우고 상징을 사용할 수 있게 됨 - 표상적 사고 가능
>
>   예 아웅 - 까꿍놀이/ 숨바꼭질이나 보물찾기

② 전조작기-전개념적 단계

이 단계는 논리적 사고가 불가능하며 활동 도식의 내적 표상화를 통한 상징적 사고가 가능하다. 또한 상징적 사고가 발달하고 단순한 공상놀이, 상징놀이, 가장놀이, 극적놀이를 통해 공포와 좌절을 해소하고 불쾌한 사건을 완화한다. 분류, 연속성, 보존개념은 전조작기 말경에 획득한다.

③ 언어발달 및 정서발달

유아기의 언어 획득과 발달은 매우 중요한 과업이며 언어 이전과 언어획득 기간으로 구분한다. 유아기 언어발달의 결정적인 시기는 대체로 2세부터 사춘기까지로 보고 있다. 언어발달은 개인차가 존재하며 지적, 사회적, 정서적, 성격적 발달에 영향을 미치게 된다. 언어발달에 영향을 주는 주요한 요인으로는 다른 사람과의 상호작용, 사회계층, 성별 등이 있다.

유아기의 정서발달은 출생 직후 흥미, 혐오, 불쾌감을 표현하고 3~4개월에는 놀람, 분노, 슬픔을, 6~7개월에는 공포, 울음과 미소, 웃음으로 정서를 표현한다. 대체로 5세경에는 성인의 정서와 거의 동일하게 발달한다. 유아기 정서의 특징으로는 우선 지속시간이 짧고 아주 강하고 폭발적이며 변화하기 쉽다는 것이다. 이 시기에 나타나는 정서로는 공포, 분노, 질투, 애정, 호기심, 기쁨 등이 있다.

④ 애착관계 형성

유아는 출생 후 6~8개월이 되면 애착관계를 형성한다. 대부분 부모가 그 대상이 되며 점차 다른 사람으로 확대된다. 최초로 애착을 형성하는 상대는 유아의 성격발달과 인간관계 형성에 결정적인 영향을 미친다. 애착은 유아와 보호자 사이에 형성되는 친밀한 정서적 유대감을 의미하며, 아버지와는 신체적 접촉 놀이를 통해, 어머니와는 지속적인 상호작용을 통해 형성된다.

유아는 애착형성에 대한 반작용으로 낯선 사람에 대해서 불안을 보이는데, 이를 낯선 사람에 대한 불안과 분리불안이라고 한다. 분리불안은 낯선 사람에 대한 불안이 사라지기 시작하는 13~18개월경에 나타난다. 3~4세가 되면 분리불안이 안정되며, 어머니에 대한 이미지와 사랑을 기억하면서 떨어져 있는 시간을 보내게 된다.

낯가림(stranger anxiety)

- 생후 5~15개월 특정인에 대한 애착형성의 표시
- 낯가림은 낯선 사람 그 자체에 대한 반응이 아니고 유아가 익숙한 얼굴과 낯선 얼굴의 불일치에 대해 보이는 반응

분리불안(separation anxiety)

- 유아가 애착대상 인물과 분리될 때 나타내는 불안반응
- 생후 9개월경 시작하여 15개월경에 절정을 이루며, 이후 점차 감소

- 장기간의 분리는 유아의 행동적 · 심리적 문제를 일으킬 수 있음
- 3개월에서 3년 사이의 분리는 유아의 애착형성을 방해하여 대인관계에 부정적인 영향을 줌

(3) 유아기 사회적 발달

① 놀이의 발달

유아기에는 전형적인 혼자놀이, 초보적 사회적 상호작용을 시도하고 영아와 부모의 사회적 놀이는 애착형성을 촉진한다. 단일놀이 과제에 의한 협동놀이는 사회성 발달에 도움을 주며 이를 통해 학습하고 성장한다. 이 시기는 자아중심성과 왕성한 활동으로 부모나 또래와의 갈등을 초래하기 때문에 사회적 기준이나 바람직한 행동의 학습이 필요하다.

② 2~5세 유아의 놀이 형태

이 시기의 유아는 다양한 놀이의 형태를 보이기 시작한다.

- **보는 놀이** : 나이가 어리거나 낯선 환경에서 하는 놀이
- **혼자놀이** : 주위와 상관없이 장난감을 가지고 혼자 노는 놀이
- **지켜보는 놀이** : 주의를 기울여 지켜보는 놀이
- **나란히 놀이** : 옆에 있는 또래들이 가지고 노는 장난감과 동일한 장난감을 가지고 교섭 없이 독립적으로 노는 놀이
- **연합놀이** : 장난감을 서로 나누어 가지며 대화하면서 놀지만, 또래의 기분이나 욕구 고려 없이 자신의 뜻대로 노는 놀이
- **협력놀이** : 단일적 놀이과제를 가지고 함께 놀며 서로 협력하고 역할 분담하며 목표를 공유하며 조직적으로 놀게 됨

③ 도덕발달

이 시기는 기초적인 수준의 도덕이 발달하기 시작한다. 프로이트는 초기 형태의 양심, 초자아가 발달하며 동일시 과정을 통해 가치 및 태도, 선악의

행동 기준을 받아들인다고 보고 있다. 유아는 어떤 상황에서 자기의 행동을 이 기준에 적용했을 때 일치하지 않으면 죄책감과 불안을 동시에 느끼게 된다. 유아는 부모에 대한 동일시를 통해 사회나 문화 집단의 규칙과 기준을 학습한다. 양심은 나이가 들어감에 따라 점차 포괄적이고 이상적인 형태로서 양심과 이념으로 발전할 수 있다. 콜버그는 유아기를 도덕발달단계 중 1, 2단계(전인습적인 수준의 단계)에 해당하며 자기만족과 성인이 바람직하다고 생각하는 행위의 규범에 맞추려는 판단을 한다고 보고 있다.

④ 자아의 발달

가. 자아개념과 자아존중감 형성

한 개인으로서 자신에 대한 인식이 생기며, 인간이 일하고 생활하고 무언가를 추구하고 다른 사람과 긍정적인 관계를 유지하기 위해서 필요한 개념이다.

나. 자율성의 발달

자신이 분리된 존재라고 인식하고 자기가 하고 싶은 대로 행동한다.

- 제1의 반항기/ 무서운 2세(terrible twos)

  자기주장적이고 반항적인 행동을 통해 자율성이 발달하며 최대한의 독립에 대한 지원과 도움이 필요하다.

정리하기

- 유아기 신체기능의 발달
  - 신생아의 반사의 종류
  - 대상영속성은 24개월 전후에 형성되며 이로 인해 상징을 통한 인지가 가능해짐
- 유아기 심리적 발달
  - 유아기는 피아제의 감각운동기 및 전조작기에 해당되며 자아가 발달하고 자기 통제가 가능해짐

- 상징적인 사고는 가능하지만 논리적인 사고는 불가능

• 사회적 발달
  - 유아의 도덕발달은 초기형태의 양심, 즉 초자아가 형성되는 시기
  - 콜버그 도덕발달단계에 의하면 전인습적 수준 단계로 피아제가 말하는 타율성 도덕성에 해당

3) 유아기 사회복지실천의 쟁점

이 시기에 사회복지실천에서 관심을 가져야 할 부분으로는 선천성 질병과 장애, 운동발달의 지체, 감각과 지각 발달, 부적절한 애착, 영양결핍과 질병, 주의력결핍 및 과잉행동장애, 자폐 눌어증, 야뇨증, 아동학대 등이 있다. 여기에서는 태아기의 생물학적, 심리적, 사회적 문제와 유아기의 신체적 발달, 심리적 발달, 사회적 발달에서 나타나는 사회복지실천상의 쟁점을 구분하여 살펴보기로 한다.

(1) 태아기 사회복지실천상의 쟁점

① 생물학적 문제

이 시기의 생물학적 문제는 불임, 임산부의 연령, 유전적 질병, 만성질환, 약물사용 등에 대한 조기 상담, 의료적 대처 능력 원조 등이 있다.

② 심리적인 문제

이 시기의 심리적 문제는 원하지 않은 아이 임신, 성폭행으로 인한 임신, 태아의 유전성 질환, 임신으로 인한 정서적 불안 및 스트레스 문제 등이 있다.

③ 사회적인 문제

이 시기의 사회적인 문제는 물리적 환경, 경제적 문제 등에 대한 상담과 개입, 미혼모, 입양 등에 대한 시책 및 관련 내용에 대한 지식 제공 등이 있다.

(2) 유아기 사회복지실천상의 쟁점

① 신체적 발달 영역

이 시기의 신체적 발달 영역의 실천상의 쟁점은 다운증후군, 지적장애, 유아자폐, 소아정신질환 등 유전적 선천성 질병과 장애 문제, 주의력결핍 및 과잉행동장애에 대한 조기치료와 교육, 훈련에 관한 문제, 장애아를 둔 부모나 가족에 대한 지지적 서비스 제공 문제 등이 있다.

② 심리적 발달 영역

이 시기의 심리적 발달 영역의 실천상의 쟁점은 지적장애에 대한 조기진단과 치료를 위한 개입, 부모나 타인에 대해 반응이 없거나 의사소통에 장애가 생기는 유아자폐가 있다. 유아자폐의 경우 발달의 전 영역에 장애를 보이기 때문에 전면적인 접근이 요구된다.

③ 사회적 발달 영역

이 시기의 사회적 발달 영역의 실천상의 쟁점은 모자간 부적절한 애착관계 형성으로 인한 반응성 애착장애(사회적 관계 형성에 부정적 영향을 줄 수 있음)에 대한 대응, 맞벌이 가족 등과 같은 부모와 영아 접촉시간이 부족한 가정에서 효과적인 애착관계 형성 기술 및 방법 교육, 정보제공, 아동학대 문제, 부모역할 훈련 프로그램 개발 등이 있다.

정리하기

- 태아기 사회복지실천상의 쟁점
  태내기와 유아기는 선천성 질병 혹은 장애에 대비하여 세심한 주의가 요망되며 조기 발견과 치료를 위한 개입이 필요
- 유아기 사회복지실천상의 쟁점
  - 아동학대는 치명적인 장애와 연결되므로 학대받는 유아에 대한 상담과 치료가 필요하며 부모교육 프로그램이 필요

- 어머니의 양육 태도는 유아의 심리적·정서적 발달에 큰 영향을 주고 이후 인간 관계 형성에 결정적인 역할을 하기 때문에 부모 양육태도에 대한 교육 및 상담 프로그램이 확대, 실시되어야 함

2. 아동기의 발달

아동기는 학교 교육을 통해 필요한 지식과 기술을 습득하게 된다. 이 시기에는 분노, 질투, 애정, 불안, 좌절감 등의 감정을 조절할 수 있게 되며 또래집단과의 대인관계가 발달하고 적절한 성역할을 학습하게 된다. 여기에서는 아동기의 개념 및 특성, 신체·심리사회적 발달, 사회복지실천상의 쟁점 등을 살펴보기로 한다.

1) 아동기의 개념과 발달

(1) 아동기의 개념

아동기는 초등학교에 입학하는 7~8세부터 12세까지(학령기)이며 생활의 중심이 가정에서 학교, 이웃으로 옮겨간다. 친구, 또래, 선생님과 접촉이 빈번해지며 가족뿐만 아니라 친구, 책, 대중매체의 영향을 받는 등 활동범위가 확대된다. 신체활동이 효과적이고 기술적으로 향상되며 객관적으로 사물을 인지하게 된다. 성격발달 측면에서는 부모나 교사에 대한 동일시, 주위 성인이나 또래의 강화를 보인다.

(2) 아동기의 특성

① 아동기 발달의 특성

아동기는 심리사회학적으로 학령기, 근면성 획득 시기이며 정신분석학에

서는 잠복기에 해당한다. 신체와 신경계의 급속한 성장과 더불어 심리적 환경의 변화와 함께 현저한 정신적 발달이 이루어진다. 사회적으로는 아동의 관심이 부모에서 동성의 친구나 단체로 향한다. 또래집단을 만들어 만든 규칙에 절대적으로 충성하는 특성을 보인다. 남자 아동은 여자 아동들을 멀리하고 여자 아동은 남자 아동들을 멀리하는 정상적인 동성애 시기를 거친다.

이 시기 동성에게 강한 애정을 갖는 것은 나중에 만족스러운 이성관계 수립에 필요한 선행요소(Sullivan, 1953)가 된다. 학교에서의 성공/ 실패경험은 아동의 정신건강에 중요한 영향을 주며 학업성적이 불량한 아동은 학급집단에서 소외되고 성격발달에도 거부・고립・열등감 등 부정적인 영향을 받는다. 교사의 정신건강은 학생의 성격발달에 직접 영향을 주는 요인이므로 매우 중요하다. 아동은 자아 이상적 존재로서 교사에 대한 모방이나 동일시로 모델링을 하게 된다.

② 아동기 정신건강 유지환경

이 시기는 성공을 경험할 수 있는 기회를 제공하고 자신감을 길러 열등의식에 사로잡히지 않도록 하는 것이 필요하다. 지식습득의 기본 자세와 지식습득이 주는 기쁨을 맛보아 스스로 공부할 수 있는 동기가 생기도록 하며, 육체적・감성적・개성적 발전으로 전인적인 인간상을 갖게 하고 올바른 도덕관과 가치관을 형성하도록 환경을 조성하는 것이 필요하다.

(3) 아동기 신체발달

이 시기는 유아기에 비해 신체발달이 완만하며 사회생활에 필요한 기본기술과 능력을 습득하고 이를 사회에 적용해 볼 수 있는 시기이다. 전체적으로 신체 체계가 안정되는 시기로 초등학교 입학 시 남아가 여아보다 신체적 성숙이 빠르지만 11~12세경에는 여아의 신체적 성숙이 더 우세하다. 운동기능이 발달, 정교화되고 스포츠와 조직적인 단체놀이에 강한 관심을 보인다. 운동기술 및 역량은 아동기 자존감 형성의 밑바탕이 된다.

지능(intelligence)

- 개인이 목적을 가지고 행동하고 합리적으로 사고하고 능률적으로 환경에 대처하는 총체적 능력을 말함
- 아동기부터 청소년기에 주로 발달
- 11~12세까지는 직선적으로 발달하고 그 후에는 완만히 발달하여 17~18세 절정에 이름 (Kleinberg, 1938)

정리하기

- 아동기의 개념

  학령기 단계로 객관적으로 사물을 바라보고 판단하는 시기
- 아동기의 특성
  - 학교 시작, 물질적·사회적 세계에 대한 지식과 이해를 넓혀감
  - 양심과 도덕, 가치관 형성, 자신에 대한 이해가 시작됨
  - 학습과 친구와의 관계 중요, 단체의식 습득
  - 신체발달은 유아기에 비해 매우 완만히 발달하고 이미 획득한 운동기술이나 조작능력이 좀 더 정교해짐

2) 아동기의 심리사회적 발달

아동기는 인지발달이 이루어져 보존개념, 분류화, 서열화, 탈중심화 등이 발달하며 기억전략과 변형기억이 현저하게 발달하는 시기이다. 자기의 존재를 자각하고 독자성을 가지게 되면서 자아개념, 자존심, 근면성, 도덕성이 더욱 발달하게 된다.

여기에서는 아동기의 인지발달, 정서발달, 사회적 발달에 대해서 살펴보기로 한다.

(1) 아동기 인지발달

① 아동기 인지

아동기의 사고능력은 구체적 수준에서 논리적인 수준으로 발달한다. 피아제는 이 시기를 구체적 조작기(7~12세)로 정의하고 있다. 자아중심성에서 벗어나 다른 사람의 시각에서 사물을 보는 능력 발달, 다른 사람을 이해하는 공감능력 발달, 보다 복잡한 사고 가능, 분류, 연속성, 보존의 개념을 확실히 인지하게 된다. 조합기술을 획득하여 사칙연산이 가능하며, 수학적 계산을 이해하고 언어표현능력이 향상된다. 기억력이 정교해져 보고 듣고 냄새 맡고 만지는 것을 중시함으로써 구체적인 수준에서 인지한다.

피아제의 인지발달단계
- 감각운동기 - 전조작기 - 구체적 조작기 - 형식적 조작기
- 아동기는 구체적 조작기에 해당됨

② 구체적 조작단계

피아제의 인지발달단계에서 아동기는 구체적 조작기에 해당하며, 이 단계에서는 다음과 같은 발달 내용을 학습하게 된다.

- **보존능력** : 동일성, 가역성, 보상성의 원리를 이해하여 인지적 성숙이 이루어짐
- **분류기술**(유목화) : 사물의 분류, 사물들 간의 관계 규칙 인식, 좋아하는 친구나 가족을 순서대로 꼽는 행동을 함
- **조합기술**(수를 조작하는 능력) : 사칙연산 가능
- **탈중심화** : 현상들 간의 인과관계 추론, 원리 이해와 분류 가능
- 시, 이야기, 놀이 창작이 가능하며 능숙한 수공기술, 운동기술이 발달함

③ 인지능력 발달

아동기의 조작, 분류의 유목화, 연속성, 보존능력 등 인지능력이 향상된다.

- **조작**(operation) : 수, 액체, 질량의 보존개념을 논리적으로 이해하는 것
- **분류**(classification)**의 유목화**

  대상을 일정한 특징에 따라 다양한 범주로 나누는 능력

  예 장미 10송이, 카네이션 5송이가 있을 때 "장미가 더 많을까, 꽃이 더 많을까?"
- **연속성**(seriation)

  일정한 특징에 따라 대상을 배열하는 능력(크기, 무게, 부피, 길이)

  예 다양한 크기의 음료수 빨대 배열
- **보존**(conservation)**능력**

  물질의 한 측면(질량 또는 무게)이 동일하게 남아 있는 동안에도 물질의 다른 측면이 변할 수 있다고 생각하는 능력. 수와 양에 대한 보존

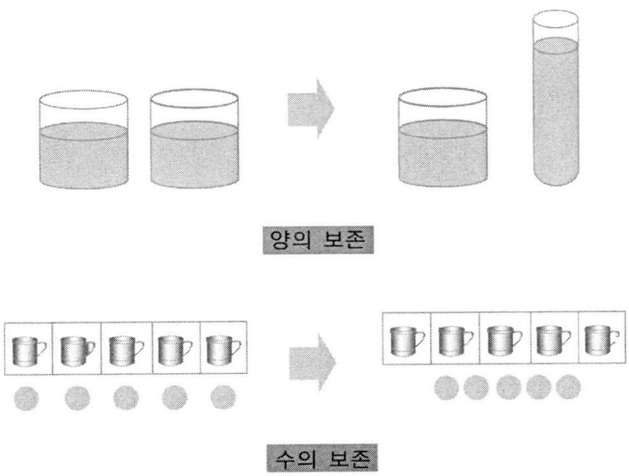

|그림 2-1| 보존개념의 예

(2) 아동기 정서발달

① 정서발달의 특성

아동기에는 이미 성인이 느끼는 대부분의 정서가 나타나며 감정을 억제하고 간접적으로 표현하는 방식을 터득한다. 정서의 통제와 분화된 정서 표현이 가능하며 상상력이 풍부해지면서 두려움, 불안정서, 초자연적인 대상에 대한 공포가 생겨난다. 학교 공포증, 등교 거부증이 나타나고 분노감이 증가(사회적 관계범위 확대)하며, 동성친구에 대한 애정이 강해지고, 질투, 동성애 경향이 나타나며 사춘기부터 점차 이성애로 변화한다.

② 자아개념의 발달

아동기의 자아개념은 자신의 행동평가에 가장 큰 영향을 미친다. 학교에서의 성공은 근면성과 높은 자아존중감을 형성하지만 학교에서의 실패는 열등감과 낮은 자아존중감으로 연결될 수 있다. 그러므로 교사, 친구, 부모 역할의 중요성이 강조되는 시기이다.

(3) 아동기 사회적 발달

① 학교의 영향

아동기의 학교는 학습의 장, 성취의 장, 생활의 장으로 기능하며 교사-친구와의 상호작용을 통해 자아개념을 형성하게 된다.

아동기에서는 행동기준이 가족에서 친구로 옮겨지며 9세경 집단(gang) 형성 행동을 시작하게 된다. 또래와 상호작용을 통해 본인에 대해 새롭게 지각하고 사회성 발달과 자신감 형성에 중요한 역할을 하며, 이후 청년기와 성인기에도 영향을 미치게 된다. 또래의 영향력은 함께 보내는 시간이 많을수록, 부모와의 의사소통이 적을수록, 집단 내의 응집력이 클수록 크게 나타난다.

② 단체놀이

아동기의 놀이는 집단놀이보다 단체놀이를 선호(팀워크, 복잡한 규칙)하며 개인목표보다 집단목표의 중요성을 강조하며 분업의 원리, 경쟁의 본질과 승리의 중요성을 학습하는 특성을 보인다.

③ 대중매체의 영향

아동기는 텔레비전을 비롯한 미디어의 영향을 많이 받으며 대중매체의 폭력성 노출에 따라 모방, 통제력의 상실, 가치와 신념체계의 변화를 가져올 수 있다. 과도하고 무절제한 대중매체의 활용은 잘못된 성역할이나 행동역할을 여과 없이 학습할 수 있는 도구가 될 수도 있다.

정리하기

- 아동기 인지발달
  - 아동기는 구체적 조작기에 해당되어 자아중심성에서 벗어나 다른 사람을 이해하고 공감하는 능력이 더욱 향상
  - 인지개념 중 분류와 연속성, 보존의 개념과 조합기술이 획득됨
- 아동기 정서발달
  - 이미 성인이 느끼는 대부분의 정서가 나타남
  - 정서의 통제와 분화된 정서 표현 가능
  - 자아개념 발달
- 아동기 사회적 발달

  학교생활이나 또래와의 관계를 통해 사회성이 발달하며 텔레비전이나 대중매체가 아동의 가치관과 행동에 영향을 끼치기 때문에 적절히 보호하고 지도하는 것이 필요함

3) 아동기 사회복지실천의 쟁점

이 시기에 사회복지실천에서 관심을 가져야 할 부분으로는 학교 공포증, 학습장애, 행동장애, 비만, 주의력결핍 과잉행동장애와 치료 등이 있으며, 다음에서 구체적인 내용을 살펴보기로 한다.

(1) 학교 공포증

학교 공포증은 학교에 가는 것에 대한 비현실적 두려움을 가지는 것으로 격리불안장애의 한 유형으로, 가정이나 애착을 가진 사람으로부터 분리되어 적어도 4주 동안 학교에 가는 것에 대해 과도한 불안을 가지는 상태를 말한다. 학교에서 경험한 불안이 심해져 등교를 꺼리거나 아예 거부하는 행동(무단결석과는 구분)이며 신체적인 증상과 함께 교사, 공부, 교통, 동급생에 대한 불평을 호소한다. 이를 해소하기 위해 정서적 안정을 유도하는 상담과 치료가 필요하다.

(2) 학습장애

학습장애는 정상적인 지능과 신체상태를 가지고 있으면서도 공부, 언어, 운동에 장애를 보이는 것을 말한다. 신체적인 이상이나 정서적 장애가 아니라 뇌가 정보를 받아서 처리하거나 사용하는 방식의 문제로 나타나는 증상이며 실패감, 낮은 자아존중감, 무기력을 경험하게 된다. 조기 치료를 위해 정보 제공 및 상담, 자원연계 노력이 진행되어야 한다.

(3) 행동장애

행동장애는 억압된 감정을 무의식적으로 행동화하는 것으로 거짓말, 도벽, 가출, 방화, 파괴행위, 무단결석 등으로 나타난다. 부모에 대한 보복, 부족한 관심과 사랑을 확인하는 방법으로서 나타나며, 부모나 다른 사람의 기대를 만족시키지 못하는 두려움으로 거짓말을 하기도 한다. 가족, 교사, 또래의 협조를 바탕으로 한 훈련이나 심리치료를 통하여 치료가 가능하며 방치하게 되면 반사회적 행동으로 발전할 수 있다.

(4) 비만

비만은 정상적인 신체 기능에 필요한 양 이상으로 지방질이 축적된 상태를 의미한다. 비만은 신체적인 문제뿐만 아니라 부정적인 신체 이미지와 열등감으로 형성된 심리적인 문제를 동반할 수 있으며 비만아동과 그 가족을 위한 다양한 교육 및 프로그램을 통해 극복할 수 있다.

(5) 주의력결핍 과잉행동장애와 치료

주의력결핍 과잉행동장애(ADHD)는 학령기 아동의 3~5%에서 발생하며 남아가 여아에 비해 2~3배 많다. 만 7세 이전에 시작되어 성인기까지 계속될 수도 있으며, 정확한 원인은 알 수 없지만 다양한 원인에 의해 증상이 야기되며 주의력결핍, 충동성 및 과잉행동의 증상을 보인다. 이는 아동의 대인관계의 부적응, 학습곤란, 부정적 자아개념을 초래할 수 있다.

주의력결핍 과잉행동장애(ADHD)의 치료는 인지행동치료, 사회기술 훈련, 부모교육, 아이의 교육 프로그램의 조정을 포함한 다른 치료적 접근들을 병행하는 것이 효과적이다. 행동수정을 통한 부모의 일관된 양육태도로 공격성을 조절하고 사회적 행동을 변화시킬 수 있다. 인지치료는 아이들의 자존심을 높여주고, 부정적인 생각을 줄여주며, 문제해결 기술을 향상시켜 준다.

부모교육을 통해 동시에 여러 가지를 요구하기보다는 한 번에 한 가지씩 지시하게 하는 것과 같은 행동관리 기술을 배우도록 해야 한다. 주의력결핍 과잉행동장애(ADHD) 아동의 부모들이 겪는 심리, 경제, 교육적인 문제와 이에 파생되는 욕구 상담 및 집단부모교육이나 집단사회성훈련 프로그램을 제공할 필요성이 있다.

4) 아동복지서비스의 포괄적 접근

아동을 위한 사회복지서비스의 포괄적 접근은 지지적 서비스, 보충적 서비스, 대리적 서비스로 구분해 볼 수 있다(Kadushin, 1975).

(1) 지지적 서비스

지지적 서비스는 가정 안에서 부모와 아동이 좋은 관계를 형성하고 성장에 필요한 다양한 도움을 주는 것으로, 사회교육 프로그램을 통해서 부모교육의 기회 제공, 아동상담소, 종합사회복지관, 사회복지공무원을 통한 상담을 이용할 수 있다.

(2) 보충적 서비스

보충적 서비스는 부모의 역할을 대행하는 것으로 방과후 아동지도, 피학대 아동 보호사업 등이 있다.

(3) 대리적 서비스

대리적 서비스는 가정을 벗어나 다른 곳에서 보호를 제공하는 것으로, 입양, 가정위탁, 시설보호, 장애아동, 결식아동 및 소년소녀가장세대 지원, 약물경험 아동, 왕따, 아동학대와 방임 아동 보호사업 등이 있다.

정리하기

- 아동기 발달에 있어서 사회복지실천상의 쟁점
  - 아동기에는 학교 공포증, 행동장애, 학습장애, 아동학대 등이 문제로 쟁점화될 수 있으며 이를 원조하기 위해 다양한 사회복지적인 서비스가 필요
  - 주의력결핍 과잉행동장애를 비롯하여 품행의 문제, 학습장애, 틱장애, 야뇨증, 말더듬, 불안, 열등감 등의 문제 발생

• 아동복지서비스의 포괄적 접근
아동을 위한 사회복지서비스로 지지적 서비스, 보충적 서비스, 대리적 서비스를 다양한 욕구에 대응하여 제공할 수 있어야 함

3. 청소년기의 발달

청소년기는 인간의 발달단계에서 가장 격정적이고 불안정한 시기이며, 동시에 발달의 어느 단계보다 많은 가능성을 가지고 미래를 위해 수많은 결정을 해야 하는 시기이다. 여기에서는 청소년기를 청소년 전기와 후기로 구분하여 개념, 신체발달, 심리사회적 발달 특성과 사회복지실천상의 쟁점을 살펴보기로 한다.

1) 청소년 전기의 발달

(1) 청소년 전기의 개념

청소년 전기는 아동기가 끝나는 13세에서 18세까지(사춘기)를 말하며 사춘기는 성적 성숙의 신체적 개념이며 청소년기는 문화적 개념이다. 이 시기는 신체적, 인지적, 사회적 행동양식 등이 성숙하지만 미완성 단계로 자아정체감 확립을 위한 혼란과 방황의 시기, 제2의 반항기, 질풍노도의 시기, 사회적 주변인, 중간인 등으로 불린다.

<표 2-4> 청소년기에 대한 학자들의 견해

학 자	청소년기의 특징
지그문트 프로이트	• 생식기에 해당 • 성적 에너지가 강해지며 오이디푸스 콤플렉스 재등장 • 부모 친밀감에 대한 위협은 사라지고 부모와 좀 더 자주적 관계를 수립할 수 있음
안나 프로이트	• 오이디푸스적 감정 재경험 • 성숙한 청소년이 가족에 가하는 성적인 위협의 결과로 청소년기의 긴장 존재, 이를 해결하기 위해 반항을 함 • 청소년의 혼란과 방어는 자유로워지려는 시도이며 스스로 해결책을 찾도록 기회 제공
에릭슨	• 청소년에게는 새로운 사회적 갈등과 요구가 대두되고 그 결과 혼란과 당황 경험 • 가장 중요한 과제는 자아정체감을 확립하는 것

(2) 청소년 전기 신체발달 특성

① 신체적 측면

청소년기의 신체는 제2의 성장급등기이며 성 호르몬의 생성과 분비, 이차 성징 등의 변화가 일어난다. 이러한 신체 이미지 변화는 자아존중감에 중요한 영향을 준다.

② 성적 성숙

- **여자 청소년의 신체적 성숙** : 초경을 시작(12~13세)하며 신체적 성숙을 비판적이고 불만족스러워하는 경향을 보인다.
- **남자 청소년의 신체적 성숙** : 급격한 육체적 성숙이 일어나며 신체적 성숙에 따른 영향이 여성에 비해 크고 다양하여 능동적이고 자신감을 보이거나 열등감을 나타내기도 한다.

청소년기는 충분히 성숙하기 때문에 성적 충동에서도 성인과 유사한 경향을 보인다. 여성은 애정과 친밀감의 표현으로 남성은 성적 긴장의 방출(자위행위) 등으로 성적 표현의 차이를 보인다. 이 시기는 성과 관련한 지식이 부족하고 개방적인 사회 분위기에 따른 무분별한 성행위로 인한 문제가 발생할 수도 있다.

(3) 청소년기의 심리사회적 발달

① 인지발달

청소년기는 신체적 발달과 더불어 사고와 판단능력이 확대되며 피아제의 인지발달단계 중 형식적 조작기에 해당된다. 이 시기에는 가설을 통한 연역적 사고를 할 수 있고 여러 가지 가능성을 놓고 논리적으로 추론이 가능하며 논리적 원리가 지배적이며 추상적이고 관념적인 사고가 가능하다. 또한 자아중심성이 강해 자신의 감정과 욕구는 타인의 것과는 달리 독특한 것이라고 생각하게 된다. 기성세대들은 자신의 문화를 절대로 이해하지 못할 것이라고 단정하고 미리 대화를 차단하기도 하며 현실과는 다른 이상주의와 유토피아를 상상하기도 한다.

② 심리적 발달(도덕과 이상)

청소년기는 인지발달을 통해 도덕, 가치, 이상이 발달한다. 사회적 제약과 도덕과의 갈등을 경험하면서 좀 더 복잡한 사고의 과정이 필요하게 된다(인습적 단계인 5, 6단계). 부모 세대의 모순과 사회제도에 대해서 의문을 가져 권위에 반항하거나 부모로부터 독립하고자 하는 욕구와 결합하여 갈등을 초래하기도 한다.

③ 또래집단

청소년기는 부모보다는 또래들로부터의 지지와 이해가 더 중요하며 사회성 발달이 촉진된다. 자신이 속한 집단에 따라 자신을 정의하는데, 또래집단은 소속감과 연대감, 지지와 수용 등의 긍정적인 요인을 제공하고, 규범과 행동기준을 제시한다. 청소년기에는 이러한 집단으로부터 인정과 지지를 받기를 원한다. 집단 선택은 사회경제적 계층, 부모에게 물려받은 가치관, 거주지역과 학교의 성격, 특수한 능력이나 자질, 성격 등 요인으로 결정되며 집단 구성원들 삶의 다양한 측면에 상호 영향을 미치게 된다.

④ 이성관계

청소년기는 성적 성숙과 사회적 기대의 결과로 이성관계가 새로운 관심의 대상이 되기 시작한다. 1 : 1의 이성관계보다 집단 데이트를 선호하고 이성과 사귀는 과정에서 어떻게 기능해야 하는지 실험하는 단계이다. 성인으로서 성역할과 성적 행동에 대한 기본적인 태도를 형성하는 시기이다.

⑤ 정서발달

청소년기는 감정의 기복이 심하고 격한 것이 특징이며 자신의 감정에 좀 더 관대해지는 노력이 필요하다.

⑥ 가족관계

청소년기는 가족으로부터 지지와 보호 그리고 지도가 필요한 동시에 자기충족과 독립을 준비하는 단계로 가족과 갈등을 초래할 수 있다. 가족으로부터 분리되어 친구나 자기 자신에게 의존, 자기 판단에 의해 독립적으로 행동하려는 경향이 뚜렷해진다.

부모의 지지와 승인을 필요로 하면서도 부모의 통제를 받지 않으려 하며 부모의 지시를 논리적으로 비판하거나 반항을 하기도 한다. 또한 친구관계에서 배운 가치관을 가족관계에 적용하려 하며(제2의 반항기) 부모는 청소년이 성장한 것에 대한 보람과 거부당하는 것에 대한 상실감을 동시에 경험하게 된다.

정리하기

- 청소년 전기의 개념
  일반적으로 청소년기(문화적 개념)로 불림
- 청소년 전기 신체발달의 특성
  제2성장급등기, 성 호르몬의 생성과 분비, 여성의 경우 초경이 시작되고 남자의 경우 급격한 육체적 성숙과 자위행위가 시작됨
- 청소년 전기 심리사회적 발달의 특성
  - 형식적 사고 발달, 추상적 이론과 관념적 사상에 몰두, 불완전한 현실 비판, 미래 예측에 따른 불안, 자신의 사고 비판, 상대론적 관점에서 열등의식
  - 가족으로부터 분리되어 친구나 자기 자신에게 의존, 자기 판단에 의해 독립적으로 행동하려는 경향(심리적 이유)

2) 청소년 후기의 발달

(1) 청소년 후기의 특성

① 일반적 특성

청소년 전기 이후로부터 성인기 이전(18~20대 초반)의 시기에 해당하며 일반적으로 청년기라고 칭한다. 이 시기는 직업준비 등 다양한 역할 탐색과 선택기로 부모에게서 심리적으로 독립하여 자율적인 삶을 모색한다. 또한 부모와 물리적 거리가 멀수록 심리적 거리가 가까워지고 갈등이 감소되며 자녀 스스로 의사결정할 수 있는 기회가 많아지기 때문에 더 유익하다고 한다(Sullivan, 1953).

(2) 청소년 후기 신체발달 및 인지발달

① 신체발달

청소년 후기는 신체적 성숙이 거의 완성되며 최상의 신체적 상태를 유지한다. 전 생애에 있어 가장 활기차며 최고 수준의 건강상태를 유지한다.

② 인지발달

피아제에 의하면 청소년 후기에는 청소년 전기의 형식적 조작기 이후 특별한 인지적 발달은 없다고 한다.

(3) 청소년 후기 심리사회적 발달

① 자아정체감 형성

자아정체감(에릭슨)은 "내적으로 축적된 확신"으로, 자신의 과거와 현재를 연결하여 느끼는 안정감, 자기 자신에 대한 개념과 타인과의 관계에서의 자신에 대한 일관성 있는 느낌을 의미한다. 정체감 혼란은 책임 있는 성인으로서의 행동이 지연되고 충동적인 행동을 하게 하며 책임을 회피하기 위해 아동기로의 퇴행이 일어난다.

가. 정체감 유실(변화와 성장의 가능성을 차단)

정체감 유실은 정체감의 위기를 경험하지 못한 경우로 직업이나 가치의 기준을 부모의 방식대로 아무 불안과 갈등 없이 수용한 경우를 말한다.

나. 정체감 혼란

정체감 혼란은 인생의 방향을 결정하는 데에 심각한 어려움을 가지고 위기를 해결하지 못하는 경우로, 자신감이 낮고 타인과 의미 있는 관계를 맺지 못하는 특성이 있다.

다. 정체감 유예

정체감 유예는 정체감 위기 상태에 있으면서 자아정체감의 실현을 위해 시행착오를 겪으며 심한 불안을 경험하게 되는 것을 말한다.

라. 정체감 성취

정체감 성취는 정체감 위기를 성공적으로 극복하여 직업, 개인적 신념,

삶의 목표, 정치적 견해 등에 청소년 스스로 의사결정을 할 수 있는 상태를 말한다.

② 직업선택

직업선택은 청소년기의 주요 발달과업 중 하나로 프로이트는 '일과 사랑'을 건강한 성인의 척도로 보고 있다. 어떤 직업을 선택하느냐에 따라 성인기의 삶의 방식이 결정되므로 직업선택에 신중해야 하고 개인의 능력, 관심, 자신에 대한 부모나 주요 사람의 기대 등이 직업선택 과정에 영향을 미친다.

③ 성역할 정체감(sex-role identity)

성역할 정체감은 사회가 적절하다고 인정하는 특성, 태도, 흥미를 동일시하는 과정으로 성에 따른 사회의 역할과 기대를 내면화하는 과정이다. 아동기부터 형성되며 남성으로서, 여성으로서의 정체감을 확립하는 과정이다. 건전하고 융통성 있는 사회적 성역할의 수용이 청소년 발달에 필수적인 요소가 된다.

④ 성적 사회화

성적 사회화는 선호하는 성적 대상을 선택하여 성 정체감을 확립하는 것이며 적절한 성인의 성역할을 학습한다. 또한 성행위에 대한 이해와 지식을 습득하는 과정이다.

⑤ 부모에게서 독립

이 시기는 사고와 행동이 더 자율적이 되면서 부모에게서 독립하려는 경향을 보이며 독립에 대한 갈망과 분리에 대한 불안의 양가감정을 경험하게 된다.

⑥ 자율성의 발달

청소년 후기에는 대학진학, 군입대 또는 취업으로 부모와 지리적으로 분리되면서 자립적 생활을 위한 사회적 기술 습득이 요구된다. 이를 위해 일상생활 능력, 신체적 성숙, 자율적 판단과 행동능력이 선행되어야 한다.

정리하기

- 청소년 후기의 일반적 특성
  - 청소년 전기 이후부터 성인기 이전
  - 직업준비 등 다양한 역할 탐색과 선택기
- 청소년 후기 신체발달
  - 인간의 신체적 성숙은 거의 완성
  - 최상의 신체적 상태를 유지
- 청소년 후기 심리사회적 발달

  자율성 발달, 자아정체감 성취, 성역할에 대한 정체감 확립, 직업선택, 부모에게서 독립, 자율성의 발달

3) 청소년기 사회복지실천의 쟁점

청소년기는 아동기에서 성인기로 전환되는 과도기이다. 따라서 청소년기는 생애발달과정 중 신체적·정신적·지적·사회적으로 가장 다양한 변화가 일어나는 시기이다. 여기에서는 이런 청소년기의 특성을 고려하여 성적 성숙에 대한 인식, 입시제도, 청소년 자살, 집단따돌림, 인터넷 중독, 섭식장애, 정체감 형성의 문제 등의 사회복지실천상의 쟁점을 살펴보기로 한다.

(1) 사회복지실천의 쟁점

① 청소년 자살

자살은 우리나라 청소년의 사망원인 중 1위(통계청, 2013)이며 청소년의 30~38%가 자살사고 경험, 5.3%가 자살시도 경험을 가지고 있다. 자살의

주요 원인은 무가치감과 부정적 신념이며 우울증이 자살사고와 행동을 자극한다. 비현실적인 도피의 수단이 되기도 한다.

② 집단따돌림

집단따돌림은 집단이나 개인이 특정인을 지속·반복적으로 따돌리는 것이며 일반적으로 '왕따'라고 한다. 학교와 같은 지속적으로 상호작용할 수밖에 없는 집단 내에서 발생하므로 가해자–피해자의 접촉을 차단하기 어렵고 보복에 대한 두려움 때문에 피해 사실을 숨기게 된다. 피해자집단은 대체로 친구가 없고 외모에 대한 만족도가 떨어지며 사회적 기술이 낮은 특성을 가지고 있어 지지해 줄 친구가 없고 문제해결능력이 부족하여 적절히 대처하지 못한다.

③ 인터넷 중독

인터넷 사용이 지나쳐 신체적·정신적·경제적·직업적·사회적 기능을 심각하게 손상시키는 상태로 게임중독, 인터넷 음란물 중독 등을 포함한다. 일반적으로 남성, 고학력일수록 더 많이 발생하며 현실도피적 이유로 인터넷을 사용한다. 자존감이 낮고 친구가 적으며 가족 지지가 적어 삶의 만족도가 떨어지는 특성을 보이며 인터넷 범죄, 폭력이나 성 비행 등 현실에서의 비행행동에 영향을 미칠 수 있다.

④ 섭식장애

섭식장애는 체중증가에 대한 병적인 두려움을 갖는 것으로 강박적인 식사조절 외에 스스로 구토를 유발하거나 설사제나 이뇨제를 사용하는 정신장애이다. 외모가 대인관계와 자아존중감에 중요하게 작용하는 청소년기에 자주 나타나며 섭식장애 청소년의 경우 우울증, 낮은 자아존중감, 무능감이 나타난다.

⑤ 정체감 장애

우리나라 청소년들은 입시제도로 인해 정체감 유예기간을 충분히 가지기 어려운 환경에 처해 있다. 자신의 가치관을 확립하기 이전에 부모에 의한 수동적인 진로결정이 이루어지는 것이 현실이다. 또래집단, 대중매체의 스타를 동일시하는 경향으로 정체감 유실, 부정적인 정체감, 불안정한 정체감이 형성된다. 이는 청소년 문제의 원인이 될 뿐 아니라 직업의 부적응, 가족해체와 같은 성인기 문제의 원인이 된다. 건전한 동일시 모델을 통한 사전 예방, 충분한 유예기간 제공을 통한 올바른 정체감 형성에 도움을 주어야 한다.

⑥ 기타

이 외에 청소년기는 군대생활, 사랑과 결혼에 대한 교육 프로그램, 진로상담, 취업서비스 등의 차원에서 많은 고민이 생길 수 있다.

(2) 청소년기의 사회복지실천

① 청소년기 과업

청소년기는 인간의 발달과정 중 가장 격동적이고 불안정하며 중대한 시기이다. 심리적으로 독립하여 정체감을 형성하고 진로 및 직업을 결정하며 사회적 역할을 수용하는 과업을 가진다.

② 청소년의 성적 성숙에 대한 인식 필요

청소년기는 성에 대한 이해, 개방적인 인식의 전환과 교육이 필요하다. 사회가 요구하는 성에 대한 적절한 태도와 행동이 시작되는 시기로, 이 과정에서 각각의 성역할을 내면화시키지 못하게 되면 심리적으로 문제가 있는 것으로 인식될 수 있다. 성역할 정체감은 시대에 따라 변할 수 있지만 성별로 기대되는 일정 수준의 역할이 존재한다.

③ 현행 입시제도의 부작용에 대한 개입 필요

청소년들은 입시에 대한 부담감으로 인해 자살 충동, 불안, 소화불량, 두통, 불면증을 경험하고 있으며 비행과 학교부적응 문제가 발생하는 것이 현실이다. 이를 예방하고 해소하기 위해 건전한 여가활동을 돕고 사회적 역할을 학습하는 프로그램 개발, 학교사회복지, 저소득층 자녀를 위한 교육복지 투자 우선사업 등이 실시되고 있다.

정리하기

- 청소년기 사회복지실천상의 쟁점
  - 자살 충동, 불안, 소화불량, 두통, 불면증을 경험하는 등 다양한 심리사회적 문제들에 쉽게 노출되며 비행과 학교부적응 등이 발생하기도 함
  - 가정, 학교, 사회의 체계적인 접근이 요구됨
- 청소년기의 사회복지실천
  - 청소년기는 인간발달단계 중 가장 격동적이고 불안정하며 중대한 시기
  - 심리적으로 독립하여 정체감을 형성하고 진로 및 직업을 결정하며 사회적 역할을 수용하는 과업

4. 성인기의 발달

성인기는 신체적 · 심리적 · 사회적으로 성숙해지며 일생에서 가장 활력이 넘치고 활동적인 시기이다. 배우자를 선택하여 가정을 이루고 원만한 인간관계를 맺으며, 자녀를 양육한다. 경제적으로 독립의 필요성을 느끼고 직업생활을 시작하여 사회인으로서 책임과 의무를 수행하는 시기이다. 여기에서는 성인기를 초기 성인기, 중기 성인기로 구분하여 일반적 특성, 주요 발달과업과 사회복지실천상의 쟁점을 살펴보기로 한다.

1) 초기 성인기의 발달

(1) 일반적 특성

초기 성인기는 학자에 따라 다양하게 구분(20대 초반~40세)하고 있으며 신체적 변화뿐만 아니라 사회적 역할의 변화를 경험한다. 이 시기는 사회적 발달 면에서 과도기적 시기로 인생의 가장 큰 변화인 직업을 가지고 결혼하는 시기이다. 신체적·인지적 요소가 아닌 사회문화적 요소에 따라 발달하는 특성이 있다. 일반적으로 환상과 그릇된 가정을 버리고 자기수용과 자기신뢰를 선택하게 된다. 분석적, 비판적, 목표지향적 사고가 필요한 시기이다.

(2) 주요 발달과업

① 신체적 발달

초기 성인기는 신체적 발달이 정점에 달하며 균형이 잡힌 모습이 된다. 체력은 25~30세에 최고조에 이르며 그 후에는 점차 쇠퇴하기 시작한다.

② 인지발달

인지능력은 25세부터 쇠퇴하며 영역별로 상이하다. 인지변화는 교육수준, 사회경제적 지위, 건강상태에 따라 변화하며 새로운 지능발달은 거의 없고 인지기술 상실도 뚜렷하게 나타나지 않는다.

③ 친밀감과 자아정체성

친밀감 형성은 초기 성인기의 중요한 과제(Erikson, 1959)이며 친밀감 형성에 실패하면 소외감을 가지게 된다. 가족 이외의 사람들과 친근한 관계를 형성하는 것이 주요 과업이며 주로 결혼을 통해 확립된다.

친밀감 형성에서의 남녀 차이 = 사회화 과정의 차이

- 남성 : 상호 의존적 관계형성이나 정서적 표현이 부족
- 여성 : 친밀감 형성에 보다 유리

친밀감

자신의 정체성을 잃을지도 모른다는 두려움 없이 타인과 개방적이고 지지적이며 조화로운 관계를 형성하는 능력

소외감(친밀감의 반대 개념)

- 자신의 안정감을 위하여 자신과 타인 간의 장애물 설치
- 아동기 누적된 경험을 통해 연약한 자아개념을 발달시켜서 경직되고 완고한 자아정체감 형성

의존성

- 지나치게 타인과 지나치게 밀착된 관계로 독립성을 획득하지 못하여 정체감에 위협이 됨
- 정체감 혼돈, 의존할 수 있는 배우자 선택

④ 결혼과 성

결혼은 청년기 친밀감과 성숙한 사회관계 성취의 중심이 된다. 결혼양식에서의 사회적 변화로 인해 30대까지 독신 성인이 증가하고, 출산연령이 늦어지며 소수의 자녀를 출산하고 자녀양육기간이 짧아지는 특성을 보인다. 행복한 결혼생활 적응을 위해 상호 간 심리적으로 헌신할 수 있어야 하며 결혼관계에서 허용 한계 인식, 개인의 자유를 허용하는 사랑이 필요하다. 결혼생활 만족과 부부 성생활은 변화된 성문화와 물질 만능주의로 인해 성적 일탈 및 자극이 커지고 있는 상황이다.

⑤ 부모역할

성인기에 새롭게 변화되는 것 중 중요한 것이 바로 부모가 되는 것이다. 결혼 후 부모역할이 시작되며 삶의 형태와 관계 변화가 시작된다. 임신, 출산준비, 자녀양육은 적응이 필요한 급격한 변화를 야기한다.

부모가 된다는 것

새로운 경험과 발전의 기회 = 양육 부담으로 위기

- 가사와 양육역할 분담 문제로 갈등 초래

• 부모로서 역할변화에 준비, 육아에 대한 지식 필요
• 부부간 역할과 책임에 대한 재조정과 합의

⑥ 직업의 선택과 유지

성인기의 직업의 선택과 유지는 직업 현장에 머무르는 시간이 많아 중요한 환경 요인이 되며 직업을 통한 자기개발과 자아실현이 중요하다. 다양한 직업선택의 과정에서 시행착오를 경험하게 되며 직업에 대한 선호도는 시대적 변화와 인식, 산업구조에 따라 달라지며, 그 사회의 문화형태, 가치에 따라 변화한다. 자신의 흥미, 적성, 신체적 조건, 능력, 가치관 등을 고려해야 한다.

정리하기

• 초기 성인기의 특징
  – 인생의 가장 큰 변화인 직업을 가지고 결혼하는 시기
  – 사회문화적 요소에 따라 발달
• 초기 성인기의 주요 발달과업
  – 취업, 결혼 등 급격하고 중요한 변화 및 갈등을 겪음
  – 친밀감 형성은 초기 성인기의 중요한 과업으로 가족관계 형성을 통해 친밀감 훈련

2) 중기 성인기의 발달

(1) 일반적 특성

중기 성인기는 40~65세에 해당되며 인생의 전성기와 쇠퇴기를 함께 경험하게 된다.

인생의 전성기	• 경제적 안정, 삶의 경험을 통한 지혜 터득 • 직장 및 가정에서의 지위와 책임
인생의 쇠퇴기	• 신체적 퇴행 • 중년의 위기를 극복하지 못할 경우 우울과 침체된 삶

인생의 전환기(생산성 대 정체)로 자녀양육과 부모 보호 등 다양한 책임을 감당하는 시기에 해당한다.

생산성
한 세대가 다음 세대에 물려줄 문화와 사회질서를 발전시키며 살아갈 기초를 구축하는 것

정체
심리적 성장이 결핍되고 자신의 에너지와 능력을 자기만족을 위해 사용

① 중년의 비합리적 가정(Gould, 1975)
- 안전이 영원히 지속될 것임
- 자신과 자기가 사랑하는 사람들에게 죽음이 일어나지 않을 것임
- 배우자 없이 사는 것이 불가능함
- 가족 밖에서는 어떠한 삶이나 변화도 존재할 수 없음
- 자신만이 순수함

② 샌드위치 세대 : 자녀양육과 부모 보호 등 다양한 책임을 감당하는 시기

빈 둥지 증후군
- 성인 자녀의 출가 이후에 부부만이 남은 상태로 삶에 대한 회한과 후회를 느낄 경우 소외감과 심리적 고통을 경험
- 갱년기 우울증 유발
  → 자녀 출가 이후 부부간의 정서적 유대감을 발전시키고 관심을 유지하는 것이 중요

또한 중년기는 제2의 사춘기로 설명될 수 있다.

(2) 발달적 특성

① 신체적 변화

중기 성인기는 신체적 변화에 적응해야 하고 노년을 대비해야 하는 시기

이다. 신체의 일반적인 변화와 성별에 따른 변화를 구체적으로 살펴보면 〈표 2-5〉와 같다.

<표 2-5> 신체의 일반적인 변화와 성별에 따른 변화

일반적인 신체	성별에 따른 신체 변화
• 신체적 능력과 건강 감퇴 • 40대 초반에 신진대사 저하, 체중 증가 • 당뇨, 고혈압, 순환기질환, 암 등이 빈번히 발병 – 정기적 검진 필요 • 감각기관의 민감성 감소	• 여성 : 폐경 경험(갱년기), 홍조 • 남성 : 남성호르몬 생산의 감소로 성기능 약화

② 성적 변화

중기 성인기는 호르몬의 불균형으로 성기능이 감퇴한다. 여성은 폐경으로 인한 신체적·심리적 징후가 발생하고, 남성은 발기부전, 정력감퇴, 호르몬 분비의 감소, 성욕감퇴 등이 나타난다. 남성은 여성보다 늦게 갱년기가 시작되지만 지속적으로 진행되는 특성을 보이므로, 부부 상호 간 배우자로서의 중요성을 재인식하는 것이 필요하다.

③ 심리적 발달

중년기는 학습능력은 저하하지만 축적된 경험으로 지혜로운 문제해결이 가능해진다. 자신의 지식과 경험을 통해서 정보를 여과시킬 수 있다. 또한 중년기에는 다양한 심리적 위기를 경험하게 되는데 그 대표적인 것이 빈둥지 증후군이다.

인간은 전 생애를 통해 성장하고 발달하면서 자아를 실현해 나간다고 하면서 중년기의 중요성을 강조한다(융).

④ 사회적 발달

중년기에는 안정된 가정생활, 자녀 교육 및 훈육, 노부모 공양, 직업성취, 여가활용을 통해 사회적인 발달이 이루어진다.

⑤ 인지 변화

이 시기에는 학습능력은 저하하지만 축적된 경험으로 지혜로운 문제해결 능력을 가진다. 자신의 지식과 경험을 통해서 정보를 여과시킨다.

(3) 중기 성인기의 주요 발달과업

① 일반적인 과업

중기 성인기의 일반적인 과업으로는 신체적 변화에 대한 적응, 부부간의 애정 재확립, 중년기 위기 극복, 직업 활동에 몰두, 여가선용 등이 있으며, 과업 간의 적절한 조화를 이루는 노력이 필요하다.

② 생산성 획득

중기 성인기의 중요한 과업으로 에릭슨은 생산성을 획득하는 것이라고 하였다. 중년기는 가장 생산적인 시기로 자신을 확대 발전시키고 여러 분야에서 성취를 하고자 한다. 다음 세대를 위해 자녀를 낳아 기르고, 젊은 세대를 지도하며, 직장이나 지역사회에서 도움이 될 수 있는 일을 함으로써 생산성이 획득될 수 있다.

레빈슨(Levinson)의 중년기 발달과제

- 과거에 대한 재평가
- 남은 인생을 위해 기존의 삶의 구조를 수정
- 기존 삶에서 상반된 경향을 통합

③ 부부관계 유지

중기 성인기의 부부관계는 부부의 성숙, 가족 구성원의 변화, 가족의 위기나 사건 등에 영향을 받는다. 건강한 부부관계를 위한 조건 뉴만과 뉴만(Newman & Newman, 1987)은 부부 각자의 성장과 부부로서의 성장에 헌신, 효과적인 대화체계의 개발, 갈등의 창조적 활용을 제안하고 있다.

④ 자녀양육

중기 성인기의 자녀양육은 발달단계에 맞는 자녀양육 방법을 습득함으로써 이루어진다. 학령전기에는 규칙훈련, 초·중등기는 교육자 역할, 청소년기는 부모-자녀 관계 재조정(자유허용 및 권위유지), 독립기는 성인 인정, 의사 존중, 관심과 지원 등의 역할이 요구된다.

⑤ 직장적응

이 시기는 직업이 안정되는 시기로 직장생활에서 지위를 얻고 그에 상응하는 수입을 얻는다. 일부는 비자발적 실직을 경험하고 직장을 옮기기도 하며, 직업적 성공은 개인의 성장, 삶의 만족과 높은 상관관계가 있다.

⑥ 여가활동

이 시기는 자녀양육 기간 축소, 평균수명 연장, 조기정년제도 등으로 인하여 여가에 대비하여 예비사회화가 필요하다.

정리하기

- 중기 성인기 발달의 특징
  - 인생의 전환기, 샌드위치세대
  - 새로운 것을 학습하는 능력은 저하하지만 축척된 경험으로 높은 문제해결 능력
  - 중년의 위기 경험
- 중기 성인기 주요 발달과업
  - 생산성 획득
  - 신체변화에 대한 적응
  - 부부관계 유지, 자녀양육, 직업적응, 여가활동 등

3) 성인기 사회복지실천의 쟁점

성인기의 사회복지실천은 부부관계 형성 및 유지에 필요한 지원, 자녀양육 기술 등을 비롯한 부모역할 훈련, 이혼 예방의 노력이 필요하다. 부부관

계 형성 및 유지에 필요한 지원은 친밀감 성취와 관련된 교육지원, 부부상담 및 성상담을 통한 전문적인 지원, 예비부부교실, 결혼생활 적응에 대한 교육이 있다. 이혼 예방을 위해서는 결혼생활의 긴장과 스트레스관리 지원 및 위기개입 상담이 필요하다. 배우자 학대, 중년기 우울 등의 쟁점도 고려해야 한다.

(1) 성인기의 사회복지실천

초기 성인기는 이혼자에 대한 정체감 재형성 및 각종 지원, 편부모 가족 지원 프로그램, 맞벌이 가정의 자녀양육 지원 프로그램, 자녀 출산 및 양육과 관련된 부모역할 교육, 스트레스 관리훈련 등이 필요하다.

중기 성인기는 단기기억상실 및 치매예방 프로그램, 직업실패, 중년기 위기대처 프로그램, 중년기 여성 사회교육, 여가 프로그램, 직장 스트레스에 대한 상담지원 및 여가 프로그램, 창업 및 직업상담, 실직자 프로그램, 수입보전과 관련된 프로그램 등이 필요하다.

(2) 이혼

이혼은 부부와 자녀의 삶에 심각한 영향을 주는 중대한 사건이다. 최근 이혼율이 증가하고 있는데, 그 원인은 여성의 사회 경제적 지위 상승, 배우자의 조건 변화 등이 있다.

이혼은 부부 모두에게 스트레스 상황이며 자녀에게 비행, 범죄, 정신장애의 간접적인 요인으로 작용한다. 그리고 자녀양육 문제, 경제적 곤란, 역할상실, 사회적 고립, 부모-자녀 간의 갈등, 대인관계의 문제 등의 어려움이 발생한다.

(3) 배우자 학대

학대는 남편 또는 아내가 다른 한편의 배우자에게 신체적·정서적·성적 위해를 가하는 것이며 가정폭력을 통해 가장 빈번히 발생한다. 신체적·언어적·정신적·성적 학대를 모두 포함하며 피학대자의 95%가 여성이다. 경제적인 의존성으로 학대관계가 지속되고(Schwartz, 1987) 부부관계를 훼손하고, 자녀에게 심각한 영향을 주며 가정파괴 및 사회문제로 확대된다.

(4) 중년기 우울

중년기에는 신체적 변화, 역할상실, 경제적 부담, 자녀양육과 부모부양 부담 등으로 스트레스가 증가하고 좌절감과 무망감으로 인해 우울증을 경험하는 것으로 알려져 있다. 중년기 우울증은 불안, 초조, 고민 따위로 나타나는데, 여성은 몸이 아프다, 잠이 안 온다는 등으로 표현하며 남성은 감정표현을 억제하여 음주, 약물남용, 도박, 분노, 일 집착 등으로 우울감정을 감추기도 한다.

우울
- 정신적 감기, 울증, 울병이라 불림
- 우울한 기분에 빠져 의욕을 상실한 채 무능감, 고립감, 허무감, 죄책감, 자살충동 등에 사로잡히는 가장 흔한 성인기 정신장애
- 인구 10명 중 2~3명이 경험, 여성 유병률 2배

정리하기

- 성인기의 사회복지실천
  부부관계 형성이나 유지에 필요한 지원, 부모역할 훈련, 이혼 예방 등
- 성인기의 사회복지실천상의 쟁점
  ① 초기 성인기(20대 초반~40세)
    - 취업, 결혼 등 급격하고 중요한 변화 및 갈등을 겪음
    - 사회문화적 요소에 따라 발달

- 친밀감 형성이 중요하며 가족관계 형성을 통한 친밀감 훈련

② 중기 성인기(40~65세)
- 인생의 전성기 혹은 쇠퇴기로 표현(인생의 전환기)
- 신체적 능력 감퇴와 질병의 위험
- 인지능력이 저하되나 축적된 경험으로 지혜로운 문제해결이 가능
- 부부관계 유지, 안정된 가정운영, 자녀양육, 직업, 여가활동

③ 성인기 사회복지실천상의 쟁점
- 이혼, 배우자 학대, 중년기 우울 등

5. 노년기의 발달

1) 노년기 발달 특성

노년기는 전 생애적 관점에서 볼 때 인생의 황혼기이며 죽음을 앞둔 시기이다. 노년기에 대한 규정은 학자마다 다르기는 하지만 65세 이후부터 사망할 때까지의 시기를 의미한다. 또한 노년기를 65세에서 75세까지 노년기 전기, 75세 이후를 노년기 후기로 세분하기도 한다. 이 시기는 신체적 노화가 나타나고 감각기능이 쇠퇴하며 은퇴 이후의 생활에 적응하고 죽음을 수용하는 시기이다. 노년기에는 심리적으로 적응해야 할 세 가지 과업이 있는데 다음과 같다.

첫째, 자아분화 대 직업역할에 대한 몰두이다. 노인은 은퇴 후 새롭게 시작하는 활동에서 만족을 얻을 수 있도록 개인의 가치를 재평가하고 재정의해야 한다.

둘째, 신체초월 대 신체몰두이다. 노화로 인한 건강상태의 변화에 초월함으로써 인간관계와 창조적 정신능력에서 행복을 정의한다. 신체적 약화를 삶의 큰 충격으로 받아들이는 사람이 있는가 하면, 그보다는 인간관계나 창조적인 정신능력에서 즐거움을 찾는 사람도 있다.

셋째, 자아초월 대 자아몰두이다. 노년기에는 죽음에 직면한 상황에서 적응하여 죽음을 긍정적으로 수용하여 성공적인 노화를 이루고, 죽음 자체에 몰두하기보다는 후손을 위해 더욱 적극적으로 생활하며 자아를 초월하여 열심히 활동하는 노력이 필요하다.

노화는 생물학적 현상으로 누구에게나 점진적으로 나타나는 현상이다. 노년기에는 피부 건조, 탄력 감소로 인한 주름의 증가, 노인성 반점, 근육의 강도와 운동력의 감소, 평형감각과 동작조정능력의 감소, 폐와 심장 기능의 약화, 만성질환의 증가 등의 신체적 변화를 경험하게 된다.

만성질환

- 보통 6개월 혹은 1년 이상 계속되는 질환을 말함 (↔ 급성질환)
- 그 증세가 완만하게 나타나 장기간 지속됨
- 증상이 그다지 심하지는 아니하면서 오래 끌고 잘 낫지 아니하는 병을 통틀어 이르는 말 ≒ 만성병

노인은 지능의 변화와 기억력 감퇴를 경험하게 된다. 반응시간과 시각정보를 운동반응으로 전환하는 능력과 기억·문제해결·정보처리 과정 등의 반응속도가 둔화되기도 한다. 이는 개인차가 존재하는데 교육수준이 높고 건강하고 활동량이 많을수록 인지수준의 유지도가 높다. 따라서 노년기에도 청장년층과 동일한 인지기능을 수행할 수 있지만 단지 그 속도가 느릴 뿐이다. 노인이 되면 중앙신경체계의 정보처리 속도가 떨어지는 것이 노인 사고율의 주된 요인이 되기도 한다.

그리고 사회적 역할 상실로 사회참여가 감소하여 자아중심성을 갖는 경향이 있지만, 현명한 판단과 인생문제에 대해 지혜로워지기도 한다. 노인은 지능검사 성취도는 낮아지는 반면, 실제 지적 능력은 떨어지지 않는다. 지능검사에서 낮은 점수를 받는 것은 다양한 요인 때문으로 보고 있다.

노년기의 성공적인 노화에는 신체적 건강을 유지하고, 정신적인 건강, 원숙한 성격, 경제적인 안정, 사회적 지지 등의 요인이 중요하게 작용한다. 따라서 성공적인 노화를 위해서는 규칙적인 운동, 건강관리, 적당한 영양, 질병치료 등을 통해서 신체적 건강을 유지해야 하며, 불안·우울 등에서 벗어나 정신적으로 건강해야 한다. 또한 노년기 생활을 유지하는데 필요한 경제적 능력도 갖추고 있어야 하며, 경제활동, 여가활동, 자원봉사, 종교활동 등과 같은 사회참여를 통해 건강증진과 생활의 만족, 욕구충족과 자기성찰을 통해 성공적인 노화를 맞이할 수 있다.

정리하기

- 노년기 발달의 일반적 특성
  - 신체적 노화가 나타나고 감각기능이 쇠퇴하는 시기
  - 은퇴 이후의 생활에 적응하고 죽음을 수용해야 하는 시기
- 노년기의 변화
  - 신체적 노화, 인지적 둔화, 사회적 역할의 축소로 변화된 역할에 대한 적응 필요
  - 자신의 삶과 죽음의 수용
  - 지능의 변화와 기억력 감퇴, 개인차 존재
  - 부정적인 삶의 사건을 경험하게 됨
  - 사회적 지지(social support)가 중요

2) 노년기 은퇴와 적응, 자아통합과 죽음

① 은퇴

은퇴는 단순히 직업의 상실이라는 차원을 벗어나 새로운 신체적·심리적·사회적 적응을 필요로 하는 중대한 사건이다. 은퇴로 인해 스트레스를 받게 되며, 자존감과 역할 상실을 초래하게 된다.

건강하고, 적당한 수입이 있으며, 활동적이고, 교육수준이 높으며, 사회적 지지를 많이 받고, 은퇴 전 생활만족도가 높을수록 은퇴에 적응을 잘한

다고 할 수 있다.

<표 2-6> 퇴직자의 역할 적응

퇴직 전 단계	• 먼 단계 : 은퇴에 대한 막연한 인식 • 근접 단계 : 은퇴를 인식하고 퇴직 후 생활에 대한 환상을 가짐
밀월 단계	• 일에서 해방된 것에 도취되어 행복을 느낌
환멸 단계	• 퇴직생활에 안정되며 흥미로운 일이 감소하고 퇴직 전 가졌던 꿈들이 비현실적임을 깨닫게 됨 • 공허와 우울 경험
재지향 단계	• 새로운 인간관계를 통해 자아를 정립함
인정 단계	• 생활변화를 일상적으로 처리할 수 있게 됨 • 자신의 삶을 편안하고 예측 가능하게 함
종결 단계	• 질병과 장애로 독립적 생활이 감소하고 가족의 원조가 필요하게 됨

② 노년기의 적응

- 노년기의 역할에 대한 적응

  조부모 역할, 배우자 사별로 인한 역할 변화, 퇴직자 역할에 대한 적응이 필요하다.

- 자신의 삶에 대한 수용

  자신의 과거에 대해 융통성 있게 수용하는 태도는 남아 있는 생에 대해서 낙관적인 태도를 갖게 해준다.

- 죽음에 대한 태도

  본인 및 가족과 친지의 죽음을 통해 인생의 자연스러운 부분으로 인정하는 것이 필요하다.

- 여가생활

  여가활동은 노인의 다양한 욕구를 충족시키고 고독, 소외감, 역할 상실을 해결하며, 건강을 유지할 수 있게 한다. 또한 자아실현의 기회를 제공하며, 지역사회생활에 적응하면서 독립적으로 살아갈 수 있도록 한다.

③ 자아통합

자아통합이란 다가올 죽음을 인정하고 기다리는 태도를 말한다. 즉, 자신이 살아온 인생을 수용하고 만족스럽게 생각하며 두려움 없이 죽음에 직면할 수 있는 태도를 말한다. 모든 과오, 실패, 결점, 갈등, 절망 등을 인정하고 수용한다. 에릭슨은 노년기의 심리사회적 위기인 자아통합 대 절망은 중장년기의 생산성 대 침체의 위기를 어느 정도 성공적으로 극복하였는가에 따라 그 결과가 달라진다고 보았다. 자아통합을 이룬 사람은 자신의 인생이 만족스러우며 의미가 있다고 평가하여 자신이 살아온 인생을 그대로 수용한다.

④ **절망감**

절망감이란 죽음 앞에 남은 시간이 너무 짧아 어떻게 할 수 없기 때문에 불안・초조해하는 것을 의미한다. 과거와 현재를 후회하고 불만스럽게 생각하는 사람으로 다가오는 죽음을 만족스럽게 수용하지 못하고, 자신과 타인을 원망하고 우울해하고 불안해하는 것이다.

⑤ **죽음에 대한 태도**

노년기가 되면 누구나 죽음을 가까운 현실로 지각하고 나름대로 받아들이려고 노력한다. 그래서 자신의 재산, 소유물 등을 정리하며, 과거에 대해 회상하는 시간을 많이 갖고, 자신을 재평가하면서 통합하려고 노력한다. 그런 과정에서 죽음 자체보다는 죽음 이후의 세계에 대해 알 수 없다는 무력감, 죽음의 고통, 죽음 이후의 자신의 존재의 소멸, 육체의 부패 등을 두려워하고, 자아통합의 성취 정도에 따라 그 차이가 있다. 연령이 높아질수록 죽음을 더 의연하게 받아들인다.

⑥ 임종과 죽음

임종은 생명이 끝나 가는 것, 생명이 점차 소멸되는 것, 죽음에 임박한 상태를 의미한다. 죽음은 생물의 생명이 없어지는 현상 혹은 세포 내의 연속적인 생리적 변화가 불가역적으로 되어 정지되는 상태로, 임종의 마지막으로서 삶의 종점을 의미한다. 인간이 죽음에 이르는 것은 하나의 연속적인 과정이며, 인간의 죽음과정을 큐블러-로스는 부정, 분노, 타협, 우울, 수용 등의 다섯 단계로 제시하였다.

<표 2-7> 임종의 단계(큐블러-로스 : 말기 암 환자의 죽음 적응 단계)

단 계	퇴직자의 생활양상
부정단계	불치병을 인정하지 않고 오진이라고 생각
분노단계	'왜 죽어야 하는가?'라고 건강한 사람을 원망하고 화를 냄
타협단계	죽음을 받아들이고 해결하지 못한 과업을 성취할 때까지 살 수 있도록 기원하고 타협
우울단계	주변 사람과 일상생활에 대한 애착을 가지고 애착 관계에 있는 것들과 헤어짐에 우울한 감정 발생
수용단계	죽음 자체를 수용하고 마음의 평화를 얻음, 임종에 직면

⑦ 호스피스와 안락사

호스피스(hospice)는 죽음을 앞둔 말기 환자가 여생을 평안하게 지낼 수 있도록 환자와 그의 가족을 총체적으로 돕는 활동을 말한다. 사회복지실천 측면에서 호스피스는 특별한 서비스가 아니라 불치의 병으로 고생하는 환자와 그의 가족을 위한 철학적이고 가치지향적인 서비스 체계이다.

안락사는 선량하고 자비로운 동기에서 사람을 죽게 하는 것, 불치의 병으로 고통받는 환자들과 그 가족의 부담을 덜어주기 위해 고의로 유도하는 죽음을 말하며, 법에 의해 가부가 결정된다.

정리하기

- 노년기 은퇴와 적응
  - 은퇴는 단순히 직업의 상실이라는 차원을 벗어나 새로운 신체적·심리적·사회적 적응을 필요로 하는 중대한 사건
  - 노년기에는 조부모 역할, 사별, 퇴직자 역할에 대한 적응이 필요
  - 여가활동은 노인의 다양한 욕구를 충족시키고 고독, 소외감, 역할상실을 해결하며, 건강을 유지할 수 있게 함
- 자아통합과 죽음
  - 자아통합은 자신이 살아온 인생을 수용하고 만족스럽게 생각하며 두려움 없이 죽음에 직면할 수 있는 태도로 노년기의 중요한 과업
  - 임종의 단계 : 부정-분노-타협-우울-수용
  - 호스피스와 안락사

3) 노년기 사회복지실천의 쟁점

(1) 사회복지실천의 쟁점

① 노인성 치매

노인성 치매는 노인에게 나타나는 만성적 혼돈, 망각, 성격변화 등과 같은 인지적·행동적 기능장애를 의미한다. 노인성 치매의 원인은 뇌 질량의 감소, 뇌혈관 장애, 알코올성 치매 등으로 주로 뇌세포의 점진적인 기능의 저하에 기인하는 것으로, 특히 대뇌피질 내에 있는 세포의 퇴화에 원인이 있는 것으로 보고 있다.

치매노인에게 나타나는 대표적인 정신장애로는 인지기능, 정신장애, 기억장애, 추상적 사고장애, 판단장애, 대뇌피질장애, 성격변화, 직업, 일상적 활동, 대인관계 지장 등 인지능력의 장애와 행동장애를 일으키는 등 복합적인 문제가 발생한다.

노인성 치매는 알츠하이머 치매, 혈관성 치매가 있다. 알츠하이머형 치매는 뇌세포의 점진적인 기능 저하에 기인하는 것으로 세포의 퇴화에 원인 있는 것으로 보고 있으나, 정확한 치매의 원인은 잘 알려져 있지 않다. 혈관성 치매는 동맥경화, 고혈압, 당뇨, 심장질환, 흡연, 고지혈증 등이 있는 사람이 뇌혈관이 막히면서 뇌세포가 파괴되는 데 원인이 있는 것으로 나타났다.

노인성 치매를 치료하는 방법은 아직 개발되어 있지 않으며, 이는 손상된 뇌세포의 기능이 치료에 의해서 회복되기 어렵기 때문이다. 따라서 예방이 무엇보다 중요하며, 고혈압, 당뇨, 고지혈증, 비만, 심장병의 치료, 금연, 운동, 취미생활 등 다양한 예방활동이 필요하다.

② 노인의 우울과 자살

다른 나라보다 노인을 공경하고 예의가 깍듯한 한국이지만, 우리나라의 노인들은 다른 나라의 노인들보다 불행하다고 한다. 대표적인 예로 우리나라는 OECD 국가 중 노인 자살률 1위를 기록했다.

우리나라는 단기간에 고속 성장한 국가로 전 세계적으로 유례를 찾아볼 수 없다. 그 과정에서 노인세대는 한국전쟁 이후의 가난과 고도경제성장을 겪으며 부모부양과 자녀양육의 틈바구니에서 정작 본인들의 노년을 준비하지 못하였으며 그에 따라 노인빈곤층의 비율이 매우 높은 실정이다.

노인들은 몸이 병들거나 우울증에 걸렸을 때, 궁핍해졌을 때, 가정에 불화가 있을 때 자살을 생각한다. 우울과 자살은 노인들에게 일반적으로 드러나는 정신보건 문제이다. 특히 도시 노인이 시골 노인에 비해서, 또 여성 노인이 남성 노인에 비해서 우울과 불안 증상이 높게 나타난다. 그리고 독거노인이 일반 노인보다 자살률이 월등히 높다. 노인 자살은 여러 상실 요인이 복합적으로 작용하여 발생함으로써 이를 예방하기 위해 전국에 노인상담센터와 노인자살예방센터가 운영되고 있다.

③ 노인 학대

노인 학대는 가볍게는 노인에게 말을 함부로 하거나 자존심을 상하게 하는 말을 하는 언어적 학대와 노인의 심기를 불편하게 하는 정서적 학대에서부터 심하게는 노인에게 구타와 폭력을 행하는 신체적 학대, 재산을 착취하는 재정적 학대까지 포함한다. 노인의 배우자, 자녀 또는 다른 부양자에 의해서 노인에게 행해지는 신체·정서·경제적 학대 및 방임 등의 노인학대가 심각한 사회문제로 대두되고 있다. 이는 노인부양에 따른 신체·심리·경제적 문제로 인한 스트레스가 원인인 것으로 나타났다. 노인 학대의 가해자로는 배우자(27.5%), 아들(37.2%), 며느리(2.5%), 딸(7.7%), 사위 등 친척(4.0%), 기관(13.9%), 피해자 본인(4.2%), 타인(3.0%) 순으로 나타났으며, 학대유형은 중복학대 〉 신체적 학대 〉정서적 학대 〉 방임 등의 순으로 나타났다(2018 노인학대 현황보고서, 2018).

(2) 노년기의 사회복지실천

① 신체발달 영역

노년기의 신체발달과 관련된 사회복지실천은 건강 약화와 질병에 대한 개입으로 가능하다. 효과적인 개입을 위해 만성질환 노인을 위한 심리사회적 안정 교육 프로그램, 의료비 지원, 의료시설 활용 등의 복지정책 연계 등을 활용할 수 있다.

② 심리적 발달 영역

노년기의 심리적 발달과 관련된 사회복지실천은 역할 축소에 따른 심리적 고립과 소외감에 대한 개입, 노인의 성 문제에 대한 사회적 관심, 노인보호 서비스 및 학대 예방을 위한 제도적 장치 보완, 여가활용 프로그램 등을 활용할 수 있다.

③ 사회적 발달 영역

노년기의 사회적 발달과 관련된 사회복지실천은 소득감소로 인한 고용과 소득 보완 사업을 통한 경제적인 문제 지원, 사회적 역할 상실에 대한 제도적 지원방안 마련 등이 있다.

정리하기

- 노년기 사회복지실천의 쟁점
  노인성 치매, 우울과 자살, 노인 학대 등
- 노년기의 사회복지실천
  ① 신체발달 영역
  - 건강 약화와 질병에 대한 개입
  - 노인보호 서비스 및 학대 예방을 위한 제도적 장치 보완
  ② 심리적 발달 영역
  - 역할 축소에 따른 심리적 고립과 소외감에 대한 개입
  ③ 사회적 발달 영역
  - 소득감소로 인한 경제적인 문제
  - 고용과 소득 보완 사업
  - 사회적 역할 상실에 대한 제도 마련

제 3 장

인간발달이론

1 정신역동이론 Ⅰ
2 정신역동이론 Ⅱ
3 인지이론
4 행동주의 이론
5 인본주의 이론

제 3 장 인간발달이론

1. 정신역동이론 ㅣ

정신역동이론이란 인간의 심리정서적 요소의 출발점이 개인의 심리 내부에 근거한다고 주장하며 사고, 느낌, 행동 등의 정신현상을 '정신 내의 운동과의 상호작용'이라고 주장한다.

정신역동이론은 프로이트(Freud)의 정신분석이론에서 출발하여 그의 제자 아들러(Adler)와 융(Jung), 그리고 자아의 중요성에 초점을 둔 에릭슨(Erikson)으로 연결되는 자아심리학과 설리반(Sullivan)의 대인관계이론까지를 폭넓게 포함한다. 이 이론들은 주요 초점과 병리의 출발점은 다르지만 대부분 정신이 행동을 어떻게 자극하는지 그리고 정신과 행동이 개인의 사회환경과 어떻게 서로 영향을 주고받는지를 강조한다는 점에서 모두 정신역동이론이라고 할 수 있다.

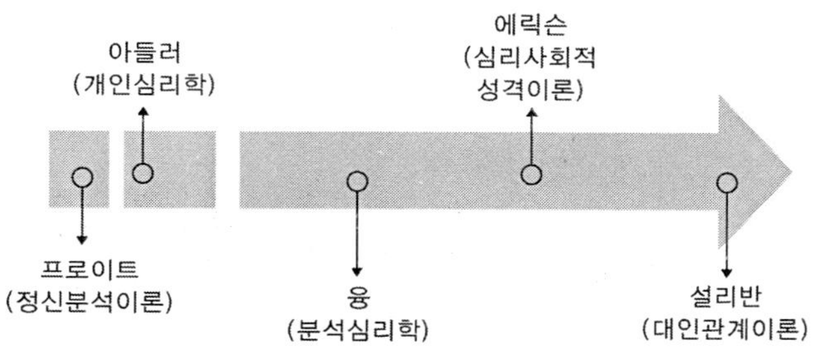

|그림 3-1| 정신역동이론의 발달과정

1) 정신분석이론

(1) 정신분석이론의 개요

정신분석이론은 프로이트에 의해 설명된다. 20세기 초 비엔나의 신경정신과 의사였던 프로이트는 1856년 체코 동부에 있는 모라비아에서 태어났으며, 비엔나의 의과대학을 졸업하였다(Shriver, 2004). 졸업 후 프로이트는 프랑스의 신경과 의사인 샤르코에게서 최면술로 히스테리를 치료하는 법을 배웠으며, 1886년에는 비엔나의 브로이어와 함께 일하면서 카타르시스를 통하여 증상을 치료하기도 하였다. 그 과정에서 프로이트는 인간에게 있어서 성적 갈등이 히스테리의 주요 원인이라는 것을 깨닫게 된다. 이후 자유연상법을 개발하여 치료에 적용하였는데, 환자가 의식의 검열이나 적용을 받지 않고 떠오르는 생각을 무엇이든지 자유롭게 말하는 기법으로 알려져 있다. 그러나 상당수의 환자들에게 최면이 효과적이지 않다는 것을 발견하면서 마음속에 떠오르는 생각들을 아무런 방해 없이 이야기하게 하여 무의식 속의 사고와 감정에 도달하게 한다는 자유연상(free association)의 기법을 사용하여 정신분석학의 선구자가 되었다. 프로이트의 명성이 높아지면서 많은 제자들이 모였으며, 아들러(Alfred Adler), 융(Jung), 에릭슨(Erik H. Erikson) 등이 그의 제자로 활동하게 된다.

프로이트의 부모는 20살 차이로 재혼부부였으며, 프로이트 아래로 7명의 동생이 더 있었는데, 동생이 태어날 때마다 어머니와 집안의 관심이 새로운 식구들에게 분산되는 것을 보면서 아버지에 대한 적대감, 어머니를 잃을지도 모른다는 불안감을 자주 느꼈다. 어머니의 사랑을 독차지하려는 강한 소유욕과 자신을 안심시켜 주지 못하는 어머니에 대한 증오 사이의 갈등이 유년기 프로이트 정서를 구성하는 핵심요소가 되었다. 1896년 프로이트가 40세 때 그의 아버지의 장례식에 지각하게 되는데, 훗날 프로이트는 '자기분석'을 통하여 이를 아버지에 대한 '저항'의 의미로 해석하였으며, 아버지의 죽음 이후 프로이트는 더욱 자기분석에 몰입하였고 결국 오이디푸스 콤플렉스(Oedipus complex)를 발견하게 되었다.

(2) 정신분석이론의 인간관

프로이트는 인간을 비합리적이고 무의식의 지배를 받는 수동적인 인간으로 가정하였다. 또한 인간의 모든 행동은 성적 본능과 공격 본능에 의해 결정된다고 본다. 이와 같이 프로이트는 인간을 의식적·합리적으로 판단하여 행동하는 존재로 보기보다는 무의식적 비합리적인 생물학적 본능에 의해 지배되는 수동적이면서도 비관적인 존재로 보고 있다.

프로이트는 인간의 기본적 성격구조가 출생에서 만 5세까지의 경험에 의해 결정된다고 보았다. 즉, 인간이 주체적으로 현재의 행동을 결정하기보다는 영아기 및 유아기 경험이 무의식 속에 잠재되어 그 이후의 성격발달과 행동을 결정한다는 것이다. 특히 정신분석이론은 자유의지, 자발성, 자기결정을 인정하지 않고 현재보다는 과거의 경험, 즉 초기 아동기의 경험을 중시한다.

(3) 정신분석이론의 주요 개념

① 정신결정론

정신분석이론의 가장 기본적인 개념 중의 하나로 인간의 모든 행동은 원인이 있으며 모든 일은 반드시 과거의 일과 연결되어 발생한다고 보았다. 과거의 경험들은 무의식에 있기 때문에 결국 현재의 행동과 느낌이 무의식에 의해 결정된다는 것이다.

② 인간의 본능

프로이트에 의하면 인간의 모든 행동은 본능에 의해 결정되며, 모든 행동의 궁극적인 원인이 된다는 것이다.

인간의 본능에는 삶의 본능(eros)과 죽음의 본능(thanatos)이 있다. 삶의 본능은 생동적인 삶을 가능하게 해주고 종족번식을 책임지는 각종의 힘을 포함한다. 배고픔, 목마름, 성적 본능 등은 삶의 본능이 가지는 특성들로, 삶의 본능이 가진 에너지를 리비도(libido)라고 하며, 성적 에너지라고 부른다. 리비도는 출생 시부터 나타나고 아동의 행동과 성격을 결정하게 된다.

죽음의 본능은 인간행동의 부정적 파괴적인 힘을 말한다. 잔인성, 공격성, 자살, 살인, 전쟁 등과 같은 것으로 표현되는 죽음의 본능 또한 삶의 본능과 마찬가지로 인간의 행동을 결정하는 데 중요한 역할을 하게 된다.

③ 지형학적 모형

프로이트는 정신분석학의 이론에서 인간의 성격구조를 설명하면서 인간의 마음의 세 가지 수준을 지도로 제시하고 있는데, 의식, 전의식, 무의식으로 구분한다.

가. 의식(conscious)

의식은 어떤 순간에 우리가 알거나 느낄 수 있는 모든 경험과 감각을 말한다. 의식은 개인이 유일하게 직접적으로 알 수 있는 부분이며, 태어날 때부터 죽을 때까지 지속적으로 성장해 간다. 의식의 중심에는 자아(ego)가 존재하는데, 자아는 개인의 정체성과 자기가치감을 추구하며 자신과 타인의 경계를 수립하여 구분하는 기능을 한다. 뿐만 아니라 의식에 대한 문지기 역할을 하며 지각, 사고, 기억 그리고 감정이 의식화될지 여부를 판단한다. 현실원리와 이차과정 사고를 사용한다.

나. 전의식(preconscious)

전의식은 무의식의 표상들을 의식에 머물도록 하는 데 필요한 힘을 제공한다. 즉시 인식되지는 않지만 조금만 노력하면 접근할 수 있는 영역이라고 할 수 있으며 전의식은 무의식의 내용을 의식에서 인식하도록 연결시켜 주는 중간역할을 한다. 예를 들면, 당장은 생각이 나지 않지만 기억을 더듬게 되면 생각나는 초등학교 6학년 선생님의 이름 등이 있다.

다. 무의식(unconscious)

프로이트는 무의식의 대부분의 자료들이 의식되지 못한 채 인간의 행동을 결정한다고 보았다. 이는 욕구나 본능이 깊게 자리하고 있는 영역으로 인식하여 의식화되지 않는 부분이다. 일상생활에서 무의식의 작용을 느낄 수 있는 경우로는 꿈, 말실수, 깜박 잊어버림 등이 있을 수 있으며 이는 꿈의 해석, 자유연상을 통해 파악이 가능하다.

④ 구조적 모형

프로이트는 자신의 클라이언트에게서 무의식적인 죄책감이 작용하고 있음을 발견하고 지형학적 개념만으로는 설명이 되지 않는다는 것을 깨닫는다. 이를 통해 성격을 세 가지 구조, 즉 원초아, 자아, 초자아로 구분하여 설명한다.

가. 원초아(id)

원초아는 출생 시부터 작용하는 생득적인 정신에너지로 전 생애 동안 성격의 기초가 되는 마음의 부분이다. 성격의 원형으로 생존에 필요한 기본적인 본능이며, 배고픔, 갈증, 성욕, 자기보존 본능 등이 이에 해당된다. 이는 긴장으로부터 해방되는 기제로 반사작용과 일차과정 사고로 이루어진다. 원초아는 쾌락원칙을 추구하므로 원초아의 지배를 받는 사람은 본능적(성적·공격적)인 충동을 통제하지 못하는 경향이 있다.

나. 자아(ego)

자아는 마음의 이상적인 요소로 경험을 통해 발달한다. 원초아(id)로 하여금 충동을 지연시키고 현실을 고려하도록 하는 역할을 하는데, 자아는 원초아와 초자아를 조절하는 성격의 조정자이며 인간의 생각과 행동을 통제한다. 자아는 현실원칙을 따르며 이차과정 사고를 하는데 생후 1세경부터 발달하기 시작하여 원초아를 통제하고 갈등관계가 된다.

> **일차과정 사고(primary process thinking)**
> 욕구를 만족시키는 대상의 심상(image)을 기억 속에서 만들어내는 것으로, 원초아 수준에서의 긴장해소를 위한 기제
>
> **이차과정 사고(second process thinking)**
> 욕구충족에 현실적으로 적합한 방식으로 반응하는 과정으로 현실검증을 통해 충동을 더욱 잘 지배할 수 있게 되며 현실과 환상을 구분할 수 있는 능력

다. 초자아(super-ego)

인간의 성격 중 가장 마지막에 발달하는 부분이다. 성격의 도덕적 측면으로 사회의 옳고 그름에 대한 자신의 기준을 결정해 주는 마음의 지침이며, 전통적 가치와 이상으로 자아로부터 분화된다. 이는 무의식적 과정으로 대략 4~5세경부터 발달하기 시작하며, 부모와의 동일시 과정을 통해 발달하면서 부모의 규범을 그대로 내면화는 경향을 가진다.

이들 원초아, 자아, 초자아의 부분들은 고정되어 있는 것이 아니라 상호작용하여 전체 성격체계를 구성하면서 개인의 행동에 각기 다른 영향을 끼친다,

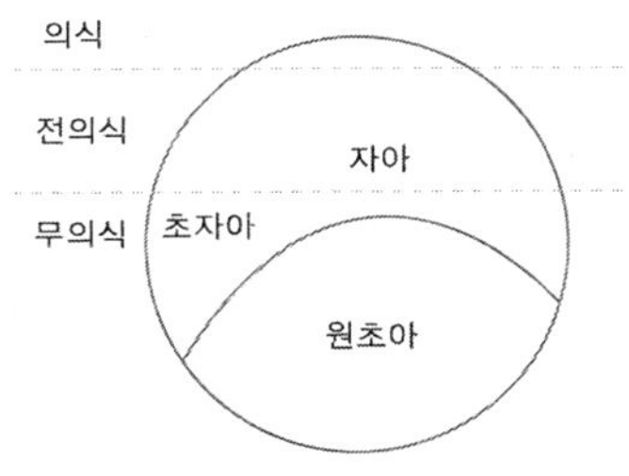

|그림 3-2| 프로이트의 정신지도

정리하기

- 정신역동이론의 이해
  정신분석이론에서는 인간을 무의식적 본능의 지배를 받는 수동적 인간으로 보았으며 모든 일은 반드시 과거의 일과 연결되어 발생한다고 봄
- 정신분석이론의 이해
  인간의 모든 행동은 성적본능과 공격본능에 의해 결정된다고 보고 인간의 자유의지, 자발성, 자기결정을 인정하지 않음
- 정신분석이론의 주요 개념
  - 지형학적 모형 : 인간의 마음을 의식, 전의식, 무의식으로 구분
  - 구조적 모형 : 원초아, 자아, 초자아로 구분
  - 이들은 각기 특성을 가지고 상호작용함으로써 성격을 형성해 감

(4) 불안과 자아 방어기제

① 불안

불안이란 불쾌한 일이 예상되거나 위험이 닥칠 것처럼 느껴지는 불쾌한 정서적 상태로, 절박한 위험을 알려주는 자아의 기능으로서, 개인으로 하여금 위급한 상황에 적합한 방법으로 반응을 하도록 한다.

프로이트는 어머니와의 격리에서 느끼는 유아의 심리적 충격이 불안의 원천이라고 하였으며 불안의 종류는 현실적 불안, 신경증적 불안, 도덕적 불안의 세 가지 형태가 있다고 한다.

<표 3-1> 불안의 종류

현실적 불안	외부세계에 존재하는 실제 위험에 대한 두려움으로 초래되는 불안으로, 외부 현실적 불안요소를 제거하면 자연스럽게 감소한다.
신경증적 불안	원초아의 충동이 통제되지 않아서 처벌받을 어떤 행위를 하게 되는 것에 대한 두려움으로 나타나게 되는 불안으로, 자아가 현실적이고 이성적으로 해결하지 못해서 경험하게 되며, 신경증의 주요 원인이 된다.
도덕적 불안	원초아과 초자아 간의 갈등에서 비롯되며, 자아가 죄책감 또는 수치감을 경험하고 양심으로부터 위험을 의식함으로써 발생하는 불안이다.

② 자아 방어기제

가. 방어기제의 개념

방어기제란 자아가 불안에 대응하고 대처하는 심리적 책략이라고 할 수 있다. 자아는 불안을 처리하여 마음의 평정을 회복하려고 노력하게 되는데, 이 과정에서 방어기제는 갈등의 원천을 무의식적으로 왜곡하고 대체하거나 차단하는 역할을 한다. 또한 인간 심리 내부의 평형이 깨어졌을 때 갈등이나 불안을 해결하고 다시 평형을 찾으려는 심리기제이며 항상성의 작용이라고 할 수 있다.

나. 방어기제의 기능

인간은 불안에서 자신을 보호하고, 갈등을 일으키는 충동과 타협하고 내적 긴장을 완화할 수 있다. 방어기제를 사용하면 불안이 감소할 뿐만 아니라 긍정적인 사회적 결과를 초래하기 때문에 정상적인 경우에도 방어기제를 사용한다. 사용된 방어기제가 현실에 적응적인가, 부적응적인가에 따라 정상적인가 아닌가가 판단된다.

다. 방어기제의 종류

- 억압(repression)

  의식에서 용납하기 어려운 생각, 욕망, 충동 등을 무의식 속에서만 머물도록 눌러놓아 의식화하는 것을 막아준다. 죄책감, 수치심 또는 자존심을 상하게 하는 경험일수록 억압의 대상이 된다.

  예 약속시간에 늦음, 기억상실, 깜박 잊음

  * 억제(suppression) – 의식의 수준의 억압

- 반동형성(reaction formation)

  무의식 속의 받아들일 수 없는 생각, 소원, 충동 등을 정반대의 것으로 표현하여 의식화하지 못하게 하는 작용이다.

예 미운 놈, 떡 하나 더 준다, 미운 남편의 건강을 지나치게 걱정해 주는 아내

- 동일시(identification)

어떤 사람이 다른 사람의 제반 성질을 받아들여 그것을 자신의 성격의 한 부분으로 합쳐버리는 것을 말한다. 이는 자아와 초자아의 형성에 중요한 기능을 한다.

예 주로 부모, 손위 형제, 주위의 중요한 인물들의 태도와 행동을 닮는 것으로서 불안을 없애기 위해서 불안의 원인이 되는 그 대상이나 사람과 같이 되려는 것

- 부정(denial)

의식화되면 감당할 수 없는 생각이나 욕구를 무의식적으로 부정하는 것으로 존재하는 위험이나 불쾌한 현실을 부정하여 불안을 회피하고자 한다.

예 말기암 환자가 명랑하게 미래를 계획하는 것

- 취소(undoing)

개인이 이전에 받아들일 수 없었던 행동의 결과를 철회하기 위하여 반복적으로 행하는 것으로서, 무의식적으로 상상되는 해약을 반증하거나 무효화시키는 것을 목적으로 한다.

예 부정하게 번 돈을 자선사업에 사용하는 경우, 강박적으로 손을 씻는 행동, 부인을 때리고 꽃을 사다주는 남편의 행동 등

- 투사(projection)

받아들일 수 없는 충동이나 욕망 등을 타인의 탓으로 돌리거나 자신의 실패를 남의 탓으로 돌리는 과정을 말한다. 개인이 자기의 적개심, 이기심, 성적 문란 등의 결점이나 허물에 대한 객관적인 증거가 존재하지 않을 때 동료나 타인의 탓으로 돌려 자신이 받아들일 수 없는 충격을 완화하고자 하는 것이다.

예 네가 나를 미워하니까 나도 미워하지.

- **내면화**(introjection, 투입)

내면화는 투사와 반대되는 개념으로 외부의 대상을 자기 내면의 자아체계로 받아들이는 방어기제이다. 애증 같은 강한 감정을 직접 표현하는 것을 피하기 위해 다른 사람을 자기로 간주하는 경우나 외부대상에 대한 적대적이거나 부정적인 감정을 자신에게로 향하게 한다는 점에서 내면화는 우울증을 야기하는 중요한 기제이다.

- **전치**(displacement, 전위)

이는 꿈을 형성하는 기제로 불만이나 적개심을 가지고 있을 때 그것을 야기한 사람보다는 이와는 전혀 상관이 없는 다른 어떤 사람에게 감정을 노출하는 경우가 이에 해당된다.

[예] 종로에서 뺨 맞고 한강에서 눈 흘긴다.

- **합리화**(rationalization)

자기-개념을 보호하려는 논리적이고 잘못된 설명으로, 인식하지 못한 동기에서 나온 행동을 지적으로 그럴듯하게 이치에 닿는 이유를 내세우는 방어기제이다.

[예] 여우와 신포도

- **퇴행**(regression)

심한 스트레스나 좌절을 당했을 때, 현재의 발달단계보다 더 이전의 발달단계로 후퇴하는 현상을 말한다.

[예] 동생이 생긴 아이, 중병이 걸린 환자의 행동

- **전이**(transference)

상담현장에서 클라이언트가 치료자를 과거의 인물과 동일시하여 감정을 드러내는 경우이다.

[예] 아버지에 대한 적대감이 치료자에게 전이되면 치료자를 아버지인 양 적대시하게 됨

- 분리(isolation, 격리)

고통스러운 기억과 관련된 감정을 분리하여 과거의 외상적인 사건을 기억하는 경우이다.

예 가슴 아픈 사건이나 생각은 기억하나 그 기억에 수반된 감정은 기억되지 않는 것

- 승화(sublimation)

본능적인 성적·공격적 에너지를 개인적으로나 사회적으로 용납되는 다른 형태로 유용하게 돌려 갈등을 해소하는 경우가 해당된다. 승화는 인류 문명 발달의 원동력이 되었다고 본다.

예 강한 공격적 욕구를 가진 자가 격투기 선수가 됨
예술은 성적 욕망, 의사가 되는 것은 잔인한 충동을 승화

- 유머(humor)

자신의 감정이나 생각을 표현하기 위해 코미디를 사용하는 심리기제로 마음 쓰기에 너무 고통스러운 것들을 견딜 수 있게 된다.

- 금욕주의(asceticism)

즐거움을 얻는 경험을 제거하는 심리기제로 의식적으로 느껴지는 기본적인 즐거움을 억제함으로써 만족을 얻는다.

정리하기

- 불안과 방어기제
  - 불안 : 각 개인에게 반격하거나 피해야 하는 절박한 위험을 알려주는 자아의 기능
  - 방어기제 : 인간 심리 내부의 평형이 깨어졌을 때 갈등이나 불안을 해결하고 다시 평형을 찾으려는 심리기제
  - 방어기제는 불안을 감소시키므로 정상인들도 자주 사용하며 이를 적절히 사용할 경우 정신적인 건강유지에 도움이 됨

• 방어기제의 종류
억압, 반동형성, 동일시, 부정, 취소, 투사, 내면화, 전치, 합리화, 퇴행, 전이, 분리, 승화, 유머, 금욕주의 등

2) 심리성적 발달단계

(1) 심리성적 발달단계의 이해

프로이트의 성격발달단계는 성적 에너지, 즉 리비도(libido)가 집중된 부위에 따라 단계를 구분하고 있어 심리성적 발달단계라고도 말한다. 발달단계에 있어서 한 단계에서 다음 단계로의 진행이 방해를 받으면 특정 단계에 고착(fixation)이 되었다고 하며, 고착은 정신에너지가 과도하게 투입되었을 때 일어나며 성인기 성격에 직접적인 영향을 끼친다. 각 단계의 욕구가 지나치게 만족되었거나 만족하지 못하여 좌절되었을 때 발생하며, 욕구가 결핍될 때 더 많은 고착이 발생한다고 한다.

구강기 ➡ 항문기 ➡ 남근기 ➡ 잠재기 ➡ 생식기

(2) 심리성적 발달단계

① 구강기(oral stage)

출생에서 약 18개월까지의 시기를 말하며, 구순이 쾌락의 원천으로 입으로 빨고, 삼키고, 깨무는 자극을 통해 쾌감을 얻는 시기이다. 구강기 욕구가 과다하게 좌절당한 사람은 비관적인 사람이 되는 반면, 구강적 욕구가 만족된 사람은 더 낙관적으로 되는 경향이 있음이 관찰되었다(Abraham, 1924). 이 시기의 고착이 심하면 심리적 갈등상황에서 퇴행하여 음식에 집착하거나

연필과 같은 사물을 물어뜯거나 구강기적 쾌감을 위해 흡연, 음주에 몰두하는 경향이 있다.

② 항문기(anal stage)

18개월에서 3세 사이는 리비도가 항문영역에 집중하는 시기이다. 이 시기에는 괄약근의 수의조절로 대소변의 배설과 보유가 가능하며 이를 통해 쾌감을 얻는다. 유아는 처음으로 외부세계로부터 통제를 경험하게 되며 배변에 대한 즐거움을 느끼고 변을 만드는 행위가 대단히 중요하다고 생각하며, 이러한 생각은 창조력과 생산력의 바탕이 된다. 이때 성적 쾌감을 추구하는 아동과 청결습관을 기르려는 부모의 현실적 요구(배변훈련) 사이에 갈등한다. 이 과정에서 부모가 지나치게 청결을 강조하거나 엄하고 강압적이면 아이는 수치감과 자신에 대한 혐오감을 경험하게 되어 자아존중감을 낮게 만들게 된다. 잔인하고 난폭하며 적개심이 많은 성격이 되거나 또는 인색하고 깔끔하며, 고집이 세고 완벽을 추구하는 성격을 보이기도 한다.

③ 남근기(phallic stage)

남근기는 3~5세 사이의 아동의 리비도적 관심이 성기에 집중되는 시기이다. 아동은 자신의 성기를 자세히 관찰하고, 자위행위를 하며, 출생과 성에 대한 관심을 나타낸다. 이 시기의 아동은 이성의 부모에 대해 무의식적인 성적 소망을 가진다고 보았으며, 그로 인해 남아는 오이디푸스 콤플렉스(Oedipus complex, 거세불안), 여아는 엘렉트라 콤플렉스(Electra complex, 남근선망)가 생긴다고 한다. 이러한 부분은 도덕적 비판과 사회적 논쟁이 되고 있다.

남근기의 아동은 동일시를 통한 부모의 이상과 가치를 수용하게 되며 이를 통해 초자아(super-ego)가 발달하게 된다.

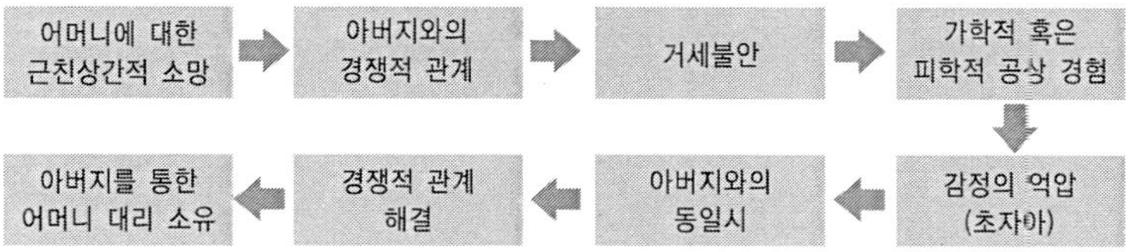

|그림 3-3| 남근기에서의 초자아 발달과정(Oedipus complex)

④ 잠재기(latency stage)

6세부터 사춘기까지의 시기로 오이디푸스 콤플렉스가 지나가고 초자아가 강화되면서 상대적으로 성적 수면상태로 접어들게 된다. 이 시기에는 리비도의 신체적 특정 부위가 없으며, 무의식 속으로 잠복하는 단계이다. 남근기의 외상에서 벗어나 평온한 상태를 추구하며 원초아가 약해지고 자아와 초자아가 강해진다. 동성 친구에게 관심을 가지고 사회성이 발달하며 또래 집단과의 놀이를 통해 사회적 기술을 습득하게 된다.

잠재기에 고착될 경우, 이성에 대한 회피 및 친밀감 형성의 어려움을 겪게 된다.

⑤ 생식기(genital stage)

사춘기가 시작되면서 억압되었던 성적 관심이 되살아나는 시기이다. 사춘기 초기에는 동성애 단계를 거치기도 하지만 점차 이성관계, 결혼, 가족형성, 집단활동, 직업에 대한 관심 등으로 옮겨가게 된다. 이성에 대한 성적 욕구는 다른 활동을 통해 승화되기도 하는데 독서, 운동, 자원봉사 등의 활동으로 나타나기도 한다.

프로이트는 사춘기 이후의 주요 과제가 부모로부터의 독립이라는 점만 강조하고 있다.

<표 3-2> 프로이트의 심리성적 발달단계별 과업

단 계	주요 과업
구강기	분리, 개별화, 대상관계의 형성
항문기	책임성과 통제의 수용, 권위적 인물과의 협상
남근기	가족 내에서 자신의 지위와 일치하는 성적 오리엔테이션 설정, 한 사회의 가치와 윤리적 지향을 다룰 수 있는 능력의 표현
잠재기	대인관계 및 삶에 필요한 사회적 기술 습득
생식기	일과 성공적인 사랑

3) 프로이트 이론의 사회복지실천 적용과 평가

(1) 정신분석이론과 사회복지실천

① 심리적 건강과 증상(정신병리)에 대한 관점

- 건강한 개인이란 성격의 부분들 간에 조화를 이루고 외부세계와 적절한 교류를 하며, 방어기제를 효과적으로 사용하며 만족을 지연시키고 충동을 통제할 수 있는 능력을 갖춘 사람이다.
- 정신병리는 충동이 과도하게 좌절되거나 과도하게 충족되었을 때, 또는 발달단계에서 정신적 외상을 입었을 때 생겨난다고 본다.
- 불안이란 외부적 요인에 의해 촉발된 긴장상태로 언제 어디서나 존재한다.
- 신경증이란 원초아와 자아, 자아와 초자아 사이에 심한 갈등이 있을 때 발생하는데, 유아기에 해결하지 않은 무의식적 갈등이 성인기의 심리적 문제와 관련되어 있다고 가정한다.

② 정신분석적 사회복지실천의 기본 가정

- 증상의 상징적 속성을 파악, 해석하는 것이 중요하며 치료는 과거사건, 특히 아동기의 외상을 재구조화하는 것이다.
- 지속적으로 억압된 무의식을 발견하여 이를 의식수준으로 끌어올리는 것은 원조과정의 필수적 요소이다.

- 정서적 갈등을 표출하는 것은 외상적 기억에서 벗어나는 데 도움이 된다.
- 초기의 어려운 생활사건을 이해하고 재구성하는 것이 치료적이다.
- 치료자와 내담자 사이의 원조관계에는 이전의 중요한 경험이 내포되어 있다.
- 자아의식과 자아통제력을 증진시키는 것이 개입의 목적이다.

③ 치료목표

- 정신분석적 치료는 비정상적인 행동이나 증상의 원인을 파악하고 이를 제거하는 것이다.
- 정신분석적 치료는 개인의 내적인 심리적 조직을 재구조화하여 보다 융통성 있고 성숙하게 만들고자 한다.
- 정신분석적 치료를 통해 무의식에 대한 의식적 통제력을 증진시키기 위해 자아를 강화하고자 한다. 정신분석적 치료의 목표는 부적응적인 행동을 변화시키고 증상을 제거하며, 심리장애로 인해 중단 또는 지연되었던 발달과정을 재구성하고자 하는 것이라고 할 수 있다.

(2) 정신분석이론의 평가

① 현대 가족치료나 집단 정신분석 치료에 중요한 개념적 기여를 하였다.

② 개인적 견해일 뿐 과학적인 근거가 부족하다는 평가를 받고 있다. 예를 들면, 거세불안, 남근선망, 콤플렉스, 리비도 등의 여러 개념들이 실제로 존재하는지 과학적으로 검증하기가 어렵다.

③ 인간을 모두 성적 자극에 지배당하는 존재로 보아서 사회적으로 받아들여지는 데에는 한계가 있었다.

④ 정신분석이론은 발달에 미치는 생물학적 요인만을 강조하여 대인관계적·사회적 영향을 고려하지 못하고 있다.

⑤ 정신분석은 고비용과 장기간의 치료과정을 요구하기 때문에 효율성에 대한 비판을 가진다.

정리하기

- 심리성적 발달단계의 이해
  프로이트는 심리성적인 특성으로 성격발달과정을 제시. 성적 본능의 욕구 충족 부위가 연령별로 달라지며 이에 따라 성격발달이 이루어짐
- 심리성적 발달단계
  구강기-항문기-남근기-잠재기-생식기
- 정신분석이론의 사회복지실천에의 적용

2. 정신역동이론 II

1) 심리사회이론

심리사회이론은 정신분석가이면서 자아심리학자인 에릭슨에 의해 체계화된 이론이다. 에릭슨은 자아의 발달과 기능에 큰 관심을 가졌으며, 인간행동의 발달에서 사회 문화적인 요인을 중요하게 여겼다. 에릭슨은 인간의 발달은 점성원칙에 따르며 전 생애를 통해 발달하고 변화한다고 강조하고 있다.

에릭슨은 덴마크인 아버지와 유대인 어머니 사이에서 출생하였으며 유대인 친구들 사이에서 독특한 외모로 놀림을 받아 학교적응에 어려움을 가졌다고 한다. 고등학교 졸업 후 유럽여행을 하면서 '유예기간'을 보내기도 하였으며, 25세에 안나 프로이트가 설립한 어린이 연구소에서 정신분석을 연구하기 시작하였다. 이후 미국으로 이주하여 아동분석가로 개업을 하고 예일대학교 의대 정신과에서 일하였다. 인류학과 역사에 대한 관심을 가지고 상이한 문화적 환경에서 성장하는 아동들과 정상아동들의 생활에 대한 연구들을 계속하였는데, 이것이 프로이트와 달리 아동들의 생활과 성격에 영향을 미치는 상이한 문화 여건에 대한 연구를 하게 된 배경이다. 이런 사회적 요소의 중요성 때문에 그의 이론을 심리사회적(psychosocial) 성격이론이라고 한다.

(1) 심리사회적 이론의 특징 및 인간관

① 특징

- 자아의 발달과 기능을 중시하여 자아심리이론이라고도 불린다.
- 인간행동 발달에 있어 사회·문화적 환경이 미치는 영향을 중시한다.
- 인간의 전 생애에 걸친 발달과 성격발달의 지속성을 강조한다.
- 성격의 정상적인 면도 강조하고 있다.
- 자아정체감 및 청소년기를 강조한다.
- 인간발달의 과정은 노년기까지 8단계로 구분하고 있다.

② 인간관

에릭슨은 인간을 합리적이고 창조적인 존재라고 하면서, 인간이 창조력을 지닌 자아에 의해 동기화된다고 보아 자아의 발달과 기능에 큰 관심을 보였다. 또한 인간을 통합적인 존재로 간주해 환경 속의 인간으로서 사회 문화적인 영향을 받는다고 하였다. 인간은 새로운 발달과업을 달성하려고 노력하고 변화하는 성장 가능한 존재로 보았다. 즉, 인간은 심리사회적 위기를 극복할 수 있는 잠재적 가능성을 지니고 있으며 이러한 극복을 통해 성장해 나간다고 하였다.

(2) 주요 개념

① 자아(ego)

프로이트는 자아와 원초아의 세력 중간에 있다고 보았으나 에릭슨은 자아의 자율적인 기능을 강조한다. 인간에게는 신체, 심리, 사회적 발달과정에서 외부환경에 대처하고 적응하는 과정에서 형성되는 역동적인 힘이 있다고 말한다.

이러한 자아는 타고난 것으로, 신체, 심리, 사회적 요인 간의 상호작용을 통해 발달한다고 보았으며 인간의 성격은 지속적으로 사회와 관계하면서 지속적으로 발달한다고 보았다.

② 점성원칙

에릭슨의 심리사회이론의 핵심은 인간발달이 8단계로 구분되어 진행되며, 이것이 성숙의 점성원리에 의해 지배된다는 것이다. 점성원칙이란 성장하는 모든 것은 기초안을 가지며 이 기초안으로부터 부분이 발생하고 각 부분은 특별히 우세한 시기가 있으며 이 모든 부분들이 모여 전체를 이루게 된다는 것이다.

<표 3-3> 프로이트와 에릭슨의 관점 비교

프로이트	에릭슨
성적, 공격적 충동이 강함	성적 충동은 약하고 사회적 충동이 강함
원초아가 지배적임	자아가 지배적임
불안, 무의식적 욕구에 의해 위협을 받음	사회적 상호작용에 기반
갈등을 감소시키고 환경을 지배하기 위해 행동	자아의 지배력과 사회 지지로 성격 형성
충동적, 사회적 기대가 상반되어 갈등함	역사적, 민족적 집단에 대한 결속력으로 강화됨
충동을 통제하려고 함	사회에 긍정적으로 기여하는 건강한 사회인을 양성함
초기 아동기에 형성, 성인기 초기에 끝남	전 생애에 걸쳐 형성됨 사회질서의 원리를 다음 세대에 전달함. 8단계

(3) 심리사회적 발달단계

① 심리사회적 발달의 특징

에릭슨은 인간은 전 생애에 걸쳐 성장하며 생물학적 혹은 환경적 영향에 전적으로 좌우되지 않는다고 하였다.

인간은 매 단계마다 심리적 발달을 주도하는 능력을 보유하고 있으며, 자신의 삶의 과정을 지시함으로써 경험을 통합하고 조직화한다. 또한 사회적 힘과 건강한 성격발달을 강조한다.

② 심리사회적 발달 8단계

가. 제 1단계(기본적 신뢰감 대 불신감)

이 단계에서 유아의 신뢰(trust)는 자신을 돌봐주는 사람이 배고프거나 추울 때 혹은 젖어 있을 때 자신의 욕구를 충족시켜 줄 것이라는 확신에서 기인한다. 이 시기의 발달은 절대적 양육자인 어머니와의 관계의 질이 결정하는데, 어머니가 일관성 있고 스스로 확신 있는 양육태도를 보일 때 유아는 욕구를 충족하고, 부모로부터 애정을 느끼면 주변 세계가 안전하고 믿을 수 있다고 생각하고 신뢰감을 가지게 된다. 이러한 신뢰가 없으면 어머니와 떨어져 있지 않으려 하고 억지로 떨어지면 어머니가 자신을 버릴 것이라는 공포를 느낀다.

이러한 심리사회적 위기를 잘 극복하면 자아는 희망(hope)이라는 특성을 얻지만 위기를 적절히 극복하지 못하면 사회적 관계의 위축(withdrawal)이 나타나 나머지 생애 동안 낮은 자존감, 우울증 등을 보인다.

이는 프로이트 이론의 구강기에 해당하며, 어머니(양육자)가 신뢰감 형성에 중요한 변수이다. 일관되고 신뢰성 있는 양육태도가 중요하며, 어머니에 대한 신뢰가 이후 친구, 사회에 대한 신뢰로 발전해 나간다. 이 시기에는 외부세계에 대한 신뢰와 자신의 능력에 대한 신뢰를 통해 희망을 가지는 시기이다.

나. 제2단계(자율성 대 수치심과 의심)

이 단계의 유아는 괄약근의 발달로 스스로 변의 배설과 보유를 조절할 수 있고 걷거나 움직임이 자유로워지면서 모든 것을 스스로 하겠다고 한다. 이때 유아의 행동양식은 보유와 방출인데, 보유는 소유하는 것 혹은 보살피는 것이고, 방출은 파괴적인 힘으로 밀쳐내는 것 혹은 적대적인 해방이다. 따라서 이 단계에서 타인에 대한 호의(good will)와 고집스러움(willfulness)의 비율이 결정된다. 이 시기의 유아는 외부의 통제를 강하게 거부하면서 “아니야" 혹은 "내 것이야", "내가 할 거야" 등 무엇이든 스스로 하려고 하고 무엇이든 자신이 소유하려고 한다. 부모는 이런 유아의 행동을 통제할 수밖에 없는데 그 통제가 어느 정도인가에 따라 수치(shame) 혹은 회의(doubt)가 발달한다.

어른이 유아의 자율성(autonomy)을 지나치게 통제하면 이는 스스로 행동해 보고자 하는 충동을 자제하고 분노가 내면으로 향하여 수치심과 의심이 발달한다. 수치심은 다른 사람의 눈에 자신이 좋게 보이지 않는다는 것이고 회의는 자신보다 타인이 더 잘 통제할 수 있다고 믿는 것이다. 그러나 사회규제에 잘 적응하기 위해서는 적절한 비율의 수치와 회의도 필요하다.

에릭슨은 이 시기의 심리사회적 위기를 잘 극복하면 의지(will)라는 긍정적 자아특질을 얻지만, 적절히 극복하지 못하면 수치심이 내면화되어 자신의 결정을 믿지 못하고 불안해하는 강박적 행동 혹은 피해의식 따위가 나타난다고 하였다.

이 시기 부모의 양육 태도가 매우 중요하며 이를 통해 자율성이 발달하게 된다.

다. 제3단계(주도성 대 죄의식)

이 단계에서 아동은 신체적·정신적 능력이 성숙되어 매우 대범하고 경쟁적이며 호기심 많은 행동을 보인다. 계획을 세우고 목표를 설정하며 그것을 달성하고자 노력하는 주도성(initiative)을 보인다. 예를 들어, 아동은 벽돌을 목표한 만큼 높이 쌓으려 하고, 저 멀리, 더 빨리 뛰려는 노력을 한다. 이와 같은 스스로 추구하는 활동이 격려받을수록 주도성은 강화되지만 이러한 활동은 매우 공격적이므로 때로는 강력한 제재를 받는다.

이러한 신체와 성에 대한 호기심이 부모로부터 강한 제재를 받을 경우 아동은 죄책감을 갖는데, 죄의식(guilty)이 심한 아동은 체념과 무가치감에 사로잡혀 목적의식이나 용기가 부족해진다. 어느 정도의 죄의식은 사회화 과정에 필수적이지만 아동의 대담한 주도성을 위축시킬 수 있으므로 주의하여야 한다. 부모는 이 시기의 아동이 열심히 사회적으로 유용한 것을 추구하고 스스로 흥미 있어 하는 것을 계획하고 참여할 수 있도록 그들의 주도성을 너무 위축시키지 말고 적절한 통제만을 가해야 한다. 이것이 나중에 성인이 되어 자신의 야망과 사회생활의 목표를 잘 부합시키는 생산적인 사회인이 될 수 있는 근간이 된다.

이 시기의 심리사회적 위기를 잘 극복하면 자아는 목적(purpose)이라는 자아특질을 얻지만, 위기를 적절히 극복하지 못하면 좌절되어 자유로운 사고와 표현을 제한하는 억제(inhibition)의 감정을 지닌다.

라. 제4단계(근면성 대 열등감)

이 단계는 아동의 인지적·사회적 기술이 숙달되는 자아성장의 가장 결정적인 시기로, 이 시기의 아동은 학교에서 지적인 기술을 습득하는 과정에 몰입하면서 근면성(industry)을 발달시킨다. 여기서 근면성은 혼자 열심히 하는 것도 포함되지만 또래들과 협동하여 규칙에 순응('차례 지키기' 따위)하는 것을 포함한다. 이 시기의 위기는 열등감(inferiority)인데, 자신의 학습능력이나 기술을 또래들과 비교하여 열등하다고 느껴 학습추구의 동기를 잃는 것이다. 이 시기에는 학교 과제를 준비시키는 가정의 역할도 중요하지만 무엇보다 중요한 것이 교사의 태도이다.

이 단계의 심리사회적 위기를 잘 극복하면 자아는 능력(competence)이라는 자아특질을 얻지만 위기를 적절히 극복하지 못하면 생산적인 일을 하지 못하는 사고와 행동의 마비, 즉 무능력함(inertia)을 느낀다.

마. 제5단계(자아정체감 대 정체감 혼란-심리적 유예기)

이 시기의 청소년은 사춘기가 되면서 자아정체감(identity) 형성을 위한 노력을 한다. 자아정체감이란 자기 자신의 독특성에 대한 비교적 안정된 느낌으로 내가 누구인가를 아는 것이며, 이는 타인이 나를 보는 방식과 일관성이 있어야 한다.

이 시기에는 역할혼란(confusion)이라는 위기를 겪는데, 이것은 정체감을 형성하지 못해 자기가 속한 집단이나 군중의 영웅에게 감정적으로 과잉 동일시하는 것이다. 이러한 개념으로 오늘날 청소년들이 유명 연예인에게 열광하며 자신이 좋아하는 연예인의 헤어스타일과 옷 따위를 그대로 따라하는 행동을 설명할 수 있다. 청소년의 집단적 행동성향 역시 역할혼란으로 설명할 수 있다. 즉, 청소년은 정체감 혼란에 대한 방어로서 자신과 다른 사람에 대해 배타적이고 무자비하며 매우 당파적이고 편협한 태도를 나타낸다.

청소년기에는 결정해야 할 일이 너무 많고 모든 결정이 다른 가능성을 줄인다고 생각하기 때문에 결정하기 전 스스로 타임아웃을 하는데 이것이 심리사회적 유예기간(moratorium)이다. 예를 들어, 대학선택이나 직업결정 이전에 얼마간 여행을 하거나 자원봉사활동을 함으로써 유예기간을 갖기도 하는데, 이러한 시간은 외부의 요구로부터 일시적으로 해방되는 기간으로 개인의 정체감을 효과적으로 확립하는 데 필요하다. 그러나 대부분의 청소년은 현실적으로 이러한 유예기간을 갖기가 쉽지 않으므로 많은 고립감과 무력감을 느낀다. 이 시기의 심리사회적 위기를 잘 극복하면 자아는 성실(fidelity)이라는 특질을 얻지만 위기를 적절히 극복하지 못하면 익숙하지 않은 역할과 가치를 거부(repudiation)한다.

바. **제6단계**(친밀감 대 고립감)

성인 초기의 사람들은 청소년기에 확립한 자아정체감을 바탕으로 타인과 상호관계를 형성하여 타인에 대한 보살핌과 사랑을 넓혀 가고 심화시키는 단계를 갖는다. 이렇게 형성된 친밀감(intimacy)은 확고한 정체감을 바탕으로 하는데, 그 이유는 자신의 남성다움에 고민하는 사람이라면 당연히 훌륭한 연인이 되기 어렵기 때문이다. 에릭슨은 이 시기의 가장 중요한 과업이 친밀감이며 이는 성적 사랑을 통해 확고해진다고 보았다. 그렇다고 독신자나 성직자들의 친밀감 발달이 불가능한 것은 아니다. 에릭슨에게 친밀감은 성적인 것 이상의 우정, 인류애적인 사랑(love)을 모두 다 포함한다.

이러한 친밀감이 형성되지 못할 때 고립(isolation)이 일어난다. 고립되면 그 개인은 타인과의 친밀감이 자신의 정체감 확립을 방해한다고 생각하여 친밀한 대인관계를 피하며 융통성 없는 삶을 산다. 예를 들어, 연애가 자신의 성공에 방해가 된다고 생각해서 철저하게 이성교제를 피하는 것을 들 수 있다.

이 시기의 심리사회적 위기를 잘 극복하면 자아는 상호 헌신하는 사랑(love)이라는 자아의 특질을 얻는다, 그러나 위기를 적절히 극복하지 못하면 남을 밀쳐내는 배척(exclusivity)을 한다.

사. 제7단계(생산성 대 침체)

성인 중기가 되면 사람들은 자신의 세대를 넘어 다음 세대를 양육하는 것에 관심을 갖는데 이것이 생산성(generativity)이다. 이는 자녀를 낳고 기르는 것뿐 아니라 사회의 다음 세대를 위해 헌신하고 기여하는 신세대에 대한 구세대의 배려를 의미한다. 어차피 인간은 영원히 살 수 없기 때문에 한 개인의 사후에도 존속될 사회를 위해 개인적 수준에서 그리고 공적 수준에서 기여할 수 있어야 한다. 따라서 이러한 생산성은 사회를 존속시키는 원동력이 된다. 그러나 생산성이 결핍되면 성격이 침체(stagnation)되어 자신의 에너지와 기술을 오로지 자기확대와 자기만족을 위해 사용한다. 이렇게 되면 사람들은 젊은 시절의 목표를 결국 달성하지 못했다는 무능력감, 그리고 사회에 의미 있는 기여를 하지 못했다는 회의로 인해 침체를 경험하고 자신의 삶이 잘못된 것이라고 인식하여 소위 '중년의 위기'를 겪는다. 이 시기의 심리사회적 위기를 잘 극복하면 자아는 타인을 돌보는 능력, 즉 배려(care)라는 자아특질을 얻는다. 그러나 위기를 적절히 극복하지 못하면 타인에게 충분한 관심을 표현하지 못하는 거절(rejectivity)을 경험한다.

아. 제8단계(자아통합 대 절망)

노년기가 되면 인간은 신체적 · 사회적 상실에 대처하여야 한다. 즉, 체력과 건강을 잃고 퇴직으로 직업을 상실하며 점차 배우자와 친구들을 하나씩 잃고 스스로도 죽음에 직면한다. 노인은 더 이상 자신이 사회에 필요한 존재가 아니며, 젊었을 때처럼 활동할 수 없다는 사실을 인식하면서 자아통합(ego integrity)이라는 과업에 직면한다. 자아통합이란 자신의 삶을 뒤돌아보면서 자신의 인생을 수용하고 갈등, 실패, 실망 따위를 성공, 기쁨, 보람 따위와 함께 전체의 삶 속에 포함시키는 것으로, 이것이 이루어져야 죽음을 두려움 없이 맞이할 수 있다.

그러나 자아통합 달성에 실패하면 '이제 시간이 얼마 남지 않았고 다시 시작하거나 다른 방법을 찾기에는 너무 늦었다'는 느낌을 갖게 되면서 지나온 생을 후회하며 절망(despair)한다. 이러한 절망을 감추기 위해 다른 사람의 잘못과 말썽을 참지 못하고 사소한 일에도 쉽게 혐오를 느끼는데, 사실 이러한 혐오는 스스로에 대한 경멸의 의미이다.

이 시기의 심리사회적 위기를 잘 극복하면 자아는 삶에 대한 적극적 관심과 지혜(wisdom)라는 특질을 얻지만, 위기를 적절히 극복하지 못하면 나약함, 즉 자신에 대한 경멸(disdain)을 경험한다.

(4) 심리사회이론의 평가

에릭슨의 이론은 정신분석이론을 확대시켜 자아의 성장 가능성을 제시하였고 인간의 건강한 발달에 관한 새로운 통찰력을 부여했다는 점에서 기여하는 바가 크다. 그러나 그의 개념은 매우 불명확하다는 한계가 있다. 예를 들어, 노년기에도 성장의 가능성이 있다는 새로운 통찰력을 제시하고 있지만, 구체적으로 그러한 과정이 어떻게 일어나는지, 그리고 성숙이 어떻게 성인기의 다른 단계들에 영향을 미치는지 설명하지 못하고 있다. 이처럼 개념이 명확하지 않으므로 이론에 관한 실증적 연구가 부족하다는 것 또한 이론의 한계라 할 수 있다(Crain, 1983 : 280).

<표 3-4> 심리사회적 성격발달의 8단계

단계	과업과 위기	자아특질	중요사건	심리성적 발달단계
1	신뢰감 대 불신감	희망과 자신감	스스로 먹기	구강기
2	자율성 대 수치와 의심	의지	스스로 용변보기	항문기
3	주도성 대 죄의식	목표와 도덕적 개념	운동	남근기
4	근면성 대 열등감	학습과 능력 유능성	취학	잠재기
5	자아정체감 대 역할혼란	성실	또래관계	생식기
6	친밀감 대 고립감	사랑의 능력	애정관계	–
7	생산성 대 침체	배려	부모역할과 창조	–
8	자아통합 대 절망	지혜	인생 회고와 수용	–

정리하기

• 심리사회적 이론의 특징과 인간관
  – 특징 : 에릭슨에 의해 체계화됨. 자아의 발달과 기능을 중시함. 노년기까지 8단계의 발달과정을 거치게 됨
  – 인간관 : 합리적, 창조적, 통합적, 가변적 존재
• 에릭슨의 심리사회적 성격이론
  자아기능과 자아정체감 중시, 점성원칙을 따름, 성격발달의 지속성과 사회적 영향 중시
• 에릭슨의 심리사회적 발달 8단계
  신뢰감 대 불신감 – 자율성 대 수치감과 의심 – 주도성 대 죄의식 – 근면성 대 열등감 – 자아정체감 대 역할혼란 – 친밀감 대 고립감 – 생산성 대 침체 – 자아통합 대 절망

2) 개인심리이론

(1) 개인심리이론의 특징 및 인간관

① 개인심리이론의 특징

개인심리이론은 아들러에 의해 체계화된 이론이다. 아들러는 밑으로 네 동생이 있기는 했지만 질투심 많은 큰형 때문에 마음고생을 하였고 2살 때 동생이 태어나면서 응석받이의 역할을 빼앗기는 경험을 하는 등 어린 시절을 스스로 불행했다고 회상하였다. 신체적으로 병약하였던 그는 건강한 형제들에게 열등감을 느끼고 5살 때 심한 폐렴에 걸려 죽을 고비를 넘긴 뒤 의사가 되기로 결심하여 비엔나 의과대학을 졸업하고 안과 의사를 거쳐 내과 전문의를 하다가 정신과 의사가 되었다. 초기에는 프로이트와 더불어 정신분석학회의 회장을 지냈으나 성적 리비도에 의해 신경증이 형성된다는 프로이트의 이론을 비판하면서 프로이트와 결별하여 독자적으로 개인심리학(individual psychology)을 형성하였다.

개인심리이론은 인간을 사회적 동물이라고 전제하고 인간의 발달은 사회적 자극에 의해 동기화된다고 하였다. 또한 자아의 창조성을 강조하면서 자신의 경험을 주관적으로 지각하여 의식적으로 행동한다고 하였다.

② 인간관

아들러는 인간을 통합적 존재로 간주하고 목표를 위해 나아가는 창조적이고 책임감 있는 존재로 보았다. 또한 미래에 대한 기대로 가상의 목표를 설정하고 나아가는 목표지향적인 존재로 간주한다.

인간이 지닌 열등감과 보상이 인간발달의 동기가 된다고 하였으며, 개인의 사회적 관심은 심리적 건강을 측정하는 척도라고 하였다.

(2) 개인심리학의 주요 개념

성적 리비도에 의해 신경증이 유발된다는 프로이트 이론을 비판하면서 독자적인 개인심리학을 형성하게 되었다. 개인(individual)이라는 말은 '나누어질 수 없다'(indivisible)에서 나온 것으로, 인간을 정신과 신체 혹은 각종 정신 기능으로 분리하지 않고 하나의 통합된 유기체로 보는 것이다.

인간은 사회적 동물이라고 전제하고 인간발달은 사회적 자극에 의해 동기화되며, 자아의 창조성을 강조하면서 자신의 경험을 주관적으로 지각하여 의식적으로 자신의 행동을 추구한다고 본다.

① 목적론적 입장

인간은 어떠한 목적 없이는 생각할 수 없으며, 감정을 느끼거나 또는 행동할 수 없다고 한다. 인간은 목적을 가지고 있고 목적을 달성시키기 위해서 동기를 부여하며, 사람의 행동을 이해하는 것은 오직 사람들의 목적을 이해할 때 가능하다고 하였다.

② 가공적 목적

아들러는 인간은 현실적으로 실현 불가능한 많은 가공적 생각에 의해 지배된다. 즉, 진실이 아니라 진실이라고 믿는 것에 의해 동기가 유발된다는 것이다. 미래지향적인 삶의 목적을 향해 노력하는 존재이기에 가공적 목적은 현실보다 더 효과적으로 사람을 움직이게 한다고 한다. 예를 들어, '노력하면 뜻을 이룰 수 있다'라는 목적은 어려움에 부딪혔을 때 유용하고 건전한 노력을 하게 할 수 있다.

③ 열등감과 보상

스스로 신체적 열등감을 가졌던 아들러는 신체기관에 결함을 가진 사람들이 이를 보상하기 위해 대단히 노력한다는 것을 발견하였다. 열등감이 있으면 보통 사람들은 이 열등감을 보상하기 위해 더 높은 수준의 발달을 향해 노력한다.

그러나 아무리 열등감을 극복하기 위해 노력해도 어떤 이유로든 안 될 경우에는 열등감이 더 강화되어 소위 병적 열등감(inferiority complex)에 이를 수 있다. 아들러는 병적 열등감에 이르는 환경을 기관의 결함, 응석받이로 키움, 방임으로 서술하였다. 즉, 신체적 기관의 결함으로 다른 사람과 성공적으로 경쟁하기 어려운 경우, 응석받이로 자라 스스로 문제해결능력이 없다고 생각하는 경우, 방임으로 인해 자아존중감이 상당히 낮은 경우 병적 열등감을 갖게 되고 이것을 성인기 신경증의 주요 원인으로 보았다.

④ 우월의 추구

아들러는 공격성이 성보다 더 중요하다고 보았는데, 여기서 공격성은 우월에 대한 추구(striving for superiority)이다. 인간은 선천적으로 우월을 향한 투쟁을 하는데 개인으로서는 완성을 향해 노력하고, 사회의 일원으로서는 문화를 완성하기 위해 노력한다는 것이다. 우월에 대한 추구는 인간을 보다 높은 단계로 발달시킬 수 있는 긍정적 경향도 있지만 부정적 경향도 있을 수 있다. 이러한 부정적 경향은 신경증 환자에게서 볼 수 있는데, 심한 자기애, 과장 같은 주로 이기적 목표로 나타난다. 반대로 긍정적 경향은 더 나은 인생을 향한 노력으로 사회적 관심이나 타인의 안녕과 밀접하게 연관되어 있다.

⑤ 사회적 관심

아들러는 개인의 정신건강을 사회적 관심 수준에 따라 평가할 수 있다고 하였다. 정신적으로 건강한 사람은 사회적 관심이 높고 사회적 부적응자는 사회적 관심이 결여되어 있다는 것이다. 아들러는 인간이 본질적으로 사회적 동물이므로 사회적 관심은 타고나는 것이고 인간은 사회의 이익을 위해서 개인적 이익을 포기하는 선천적·사회적 본능을 가지고 있다고 믿었다.

이러한 선천적·사회적 관심은 부모의 양육과 가정교육 그리고 학교교육을 통해 지속적으로 개발될 수 있으므로 교육의 중요성 또한 강조된다. 특히 초기 모자관계에서 사회적 관심에 대한 선천적 잠재성이 개발될 수 있는 중요한 기회가 제공된다. 발달 초기 모자관계 속에서 양육자인 어머니가 아이의 폭넓은 사회적 발달을 자극하고 모자관계 이외의 다른 사람과의 관계로 아이의 관심이 확대될 수 있도록 격려하는 과정에서 일차적 사회적 관심의 잠재성이 개발된다.

높은 사회적 관심을 가진 개인은 다른 사람의 입장을 충분히 공감하고 이타적으로 행동하며 타인과 협동할 수 있다. 더 나아가 사회나 인류에 대한 공헌이 가능해지는데, 이는 미래지향적으로 이상적인 복지사회와 인류의 진보를 추구할 수 있게 되는 것을 의미한다. 이러한 사회적 관심을 통해 얻게 되는 자기가치감은 계속 몰아치는 열등감에서 벗어나도록 돕고 이것이 사회적응의 기준이 된다.

⑥ 출생순위

아들러는 사회적 요인 중 출생순위가 생활양식에 영향을 준다고 보았다. 즉, 어떤 특정 출생순위에 태어난 아이들은 유사한 특징들을 가지고 있다고 보았다. 여기서는 모든 아이들이 똑같은 특징을 가지는 것은 아니지만 가족 내 위치에 따라 생활양식이 달라질 수 있음을 설명하고 있다.

- 맏이 : 처음에는 독자의 위치에서 부모의 끊임없는 사랑과 관심을 받지만 동생이 태어나면서 '폐위된 왕'에 비유될 만큼 상황이 극적으로 바뀐다. 따라서 잃어버린 관심과 사랑을 되찾고 가거의 자리로 돌아가기 위해 부단한 노력을 하지만 그것이 불가능해지면서 스스로 고립되어 적응해 나간다. 따라서 맏이는 애정이나 인정을 얻고자 하는 욕구에 초연하여 혼자 생존해 나가는 전략을 습득한다.

- 둘째아이 : 처음부터 손위형제라는 속도조정자를 가지고 있어 항상 누군가를 앞지르기 위해 노력한다. 따라서 이들은 첫째보다 빨리 말하고 걷는 등 빠르게 성장한다. 대체로 경쟁심이 강하고 대단한 야망을 가진 성격이 되기 쉽다.
- 막내 : 동생에게 자리를 뺏기는 충격적 경험 없이 대체로 응석받이로 키워진다. 그러나 가정형편에 따라서는 어느 것도 자기 것을 가지지 못한 채 형제들로부터 모든 것을 물려받는다. 또한 모두가 자기보다 크고 힘이 세다고 생각하여 의존적이고 독립심이 부족하며 강한 열등감을 경험하기도 한다. 그러나 손위형제들을 능가하려는 강한 동기도 유발될 수 있다.
- 독자 : 경쟁할 형제가 없는 독특한 위치로 응석을 부리고 다른 사람으로부터 보호받기를 원한다. 이런 생활방식 때문에 의존심과 자아중심성이 현저하게 나타날 수 있다.

⑦ 생활양식(성격구조)

모든 사람은 나름대로 열등감을 극복하기 위한 독특한 노력을 한다. 이처럼 열등감을 극복하는 노력을 아들러는 생활양식(style of life)이라 하였다. 이러한 생활양식은 자라 온 가정에서의 습관, 여가생활, 일상생활, 직업생활, 교우관계 등 모든 영역에서의 활동과 일관된 양상을 보이는데, 이는 아들러에게 있어 성격구조이다. 아들러는 생활양식이 인생 초기 4~5세에 확립되며 불완전한 생활양식을 가지고 있거나 잘못된 목표를 지니고 있을 때 정신병리가 발생한다고 하였다.

아들러는 개인의 생활양식 태도를 네 가지 유형으로 분류하였는데 이것은 그에게 있어 성격유형을 의미한다. 생활양식 유형은 활동성과 사회적 관심의 두 차원이 각각 높고 낮은 것으로 분류되어 다음과 같이 네 유형으로 구분된다.

<표 3-5> 생활양식의 유형

구 분	활동성	사회적 관심
지배형	↑(높음)	↓(낮음)
의존형	↓(중간수준)	↓(낮음)
회피형	↓(낮음)	↓(낮음)
사회적으로 유용한 유형	↑(높음)	↑(높음)

- **지배형** : 활동성이 높고 사회적 관심이 낮은 유형으로, 독단적이고 공격적이며 활동적이지만 사회적 관심이 부족한 사람들이 여기에 해당한다. 이들은 다른 사람을 지배하고 상처 주며 착취함으로써 자신의 우월성을 성취하려 한다.
- **의존형** : 활동성도 사회적 관심도 낮은 유형으로, 할 수 있는 한 많은 것을 소유하려 하고 타인에게 모든 것을 요구하면서도 자신의 것을 양보하려 하지 않는다. 다른 사람에게 의존하여 대부분의 욕구를 충족하는 형이다. 다만, 활동성이 낮으므로 위험하지는 않다.
- **회피형** : 이 유형 역시 사회적 관심과 활동성이 모두 낮다. 이들은 성공을 바라기보다 실패를 두려워하므로 문제를 회피하려고 하는 현실도피자이다. 즉, 인생의 모든 문제를 회피함으로써 실패 가능성을 모면해 보려는 유형으로 신경증과 정신증 환자가 여기에 해당한다.
- **사회적으로 유용한 유형** : 심리적으로 건강한 유형으로 이들은 활동성도 높고 사회적 관심도 높다. 여기에 해당하는 사람들은 인생과업을 해결하기 위해 기꺼이 다른 사람과 협조하고 그들의 활동은 타인에게 도움이 되며, 인류의 이익을 위해 협동할 준비가 되어 있다.

⑧ 창조적 자아(자신, 자기)

아들러는 인간은 스스로 자신의 성격을 만들어 낸다고 주장하면서 인간은 유전과 경험이라는 원료를 사용하여 창조적 자아를 만들어 내는 능력이 있다고 본다. 즉, 인간은 스스로 환경에 영향을 미쳐 환경이 자신에게 적절히 반응하도록 창조하는 존재라 여기는 것이다. 이는 개인심리이론이 인본주의적 성격을 지니고 있다고 할 수 있으며, 정신분석학이 파괴하였던 인간의 존엄성에 대한 부활을 시도하였다고 볼 수 있다.

(3) 아들러 이론의 평가

개인심리이론은 어린 시절 열등의식을 경험하고 이를 보상하려는 노력으로 동기화되고 우월에 대한 추구로 보다 나은 삶을 살기 위해 노력한다고 하는데, 그에 대한 평가는 현실과 실제적인 연관이 상당히 높은 편으로 인정되지만 경험적 검증이 빈약하며, 대부분 상식적 심리학에 근거하고 있고 지나치게 간결하다는 평가를 받고 있다. 또한 복합적인 개념을 너무 단순화하여 구체적인 개념이 부족하다. 인간 본성에 대한 기본 가정은 프로이트학파와는 거리가 멀고 인본주의 이론에 보다 가깝다고 볼 수 있다.

정리하기

아들러의 개인심리이론
- 인간을 통합적, 창조적이고 책임감 있는 존재로 봄
- 열등감과 보상이 인간발달의 동기가 됨
- 개인의 사회적 관심은 심리적 건강을 측정하는 척도
- 주요개념 : 목적론적 입장, 가공적 목적, 열등감과 보상, 우월의 추구, 사회적 관심, 출생순위, 생활양식, 창조적 자아 등

3) 분석심리이론

(1) 분석심리이론의 특징 및 인간관

① 특징

분석심리이론은 융에 의해 체계화된 이론이다. 그가 취리히의 정신과 의

사일 때 프로이트 이론에 깊은 감명을 받아 자신의 논문을 보냄으로써 프로이트와의 관계가 시작되었다. 프로이트는 융을 아들이자 자신의 학문적 후계자로 생각하였으나 융이 프로이트의 범성설에 반발하면서 결국 그들은 결별하였다.

융은 무의식의 본질에 주된 관심을 두면서 성격기능의 다양한 체계를 포괄하는 성격이론을 발달시켰다. 그는 개인적인 것과 사회문화적 원형이 갖는 힘의 상호작용을 이해해야 인간의 정신을 이해할 수 있다고 믿었다.

성격발달을 의식과 무의식이 서로 교류하고 적절히 조화를 이루는 것으로 보았으며, 성격발달에서 중년기의 중요성을 강조하였다.

② 인간관

융은 인간을 가변적 존재로 보며, 인간은 과거로부터 타고난 정신적 구조를 가지고 있지만 후천적으로 변화가 가능하다고 본다. 또한 인간은 사회적·문화적 요구에 의해 점차 적응해 가는 존재라고 하였다.

인간의 행동은 미래지향적으로 조절 가능하다고 보고 있는데, 인간행동은 무의식에 영향을 받지만 의식에 의해 무의식을 조절해 나가면서 형성되고 발달한다고 한다.

(2) 분석심리이론의 주요 개념

① 자아(ego)

자아는 의식적인 마음으로 의식적 지각, 기억, 사고와 감정으로 구성되어 있어 자신에 대한 의식뿐만 아니라 외계에 대한 지각도 포함한다.

② 페르소나(persona)

자아의 가면으로 개인이 외부에 보이는 이미지이다. 페르소나는 역할에 따라 달라지는데, 예를 들어 한 남자가 사업가로서 동료에게 주는 이미지와 아버지로서 자식에게 주는 이미지는 다르다. 따라서 페르소나는 사회가 그에게 부과하는 역할이며 사회가 인간에게 생활에서 담당하기를 기대하는 배역이다. 따라서 페르소나의 목적은 남에게 뚜렷한 인상을 주는 것이며 반드시 그렇지는 않지만 이따금 그 사람의 본성을 감추기도 한다.

③ 음영(shadow)

음영은 원시적인 동물적 본능을 포함하고 있는 성격의 어두운 측면이다. 이것은 인간 활력과 추진력이며 삶의 원천이라고 할 수 있다. 자아는 사회생활을 무리 없이 하기 위해 늘 자기 속에 있는 동물적 충동을 억제하고 페르소나를 발달시킨다. 자아가 음영을 지나치게 억제시키면 생명력이나 활력이 없기 때문에 음영과 페르소나의 조화가 필요하다. 이러한 음영은 긍정적인 자기상의 반대개념으로 이해할 수 있다.

④ 아니마(anima)/ 아니무스(animus)

인간이 본질적으로 양성이라는 것은 이미 잘 알려져 있는 사실이다. 따라서 인간은 남성적·여성적 측면을 모두 가지고 있다. 하지만 남녀는 유전적인 성 차이와 사회적 압력에 의해 여성은 여성적 측면을, 남성은 남성적 측면을 발달시키도록 요구받아 실제 뚜렷한 성 차이를 보이지만 상대 성은 무의식 속에 자리 잡고 있다. 무의식 속에 있는 남성의 여성적 측면을 아니마(anima), 여성의 남성적 측면을 아니무스(animus)라 한다. 자기 속에 아니마와 아니무스가 있기 때문에 인간은 이성에게 적절히 반응하고 이성을 이해할 수 있다.

⑤ 개인무의식(personal unconsciousness)/ 집단무의식(collective unconsciousness)

융은 인간의 무의식이 개인무의식과 집단무의식의 두 가지 수준으로 이루어져 있다고 하였다. 개인무의식에는 살아오면서 상실된 기억이나 억압된 불쾌한 여러 표상 등 의식 위에 올려지지 않은 내용들이 포함된다. 개인무의식은 프로이트의 전의식과 유사한데 음영의 대부분이 포함되며, 아니마와 아니무스도 부분적으로 개인무의식에서 발견된다.

또 다른 층의 무의식이 집단무의식이다. 이는 모든 인류에게 유전되어 오는 잠재된 기억의 저장소이다. 집단무의식이 존재한다는 증거는 멀리 떨어진 지역에서의 상징신화들이 서로 비슷하다는 것이다. 집단무의식이 조직적으로 구성되어 있는 형태를 원형(archetypes)이라 하는데, 이는 세계 여러 민족의 신화, 예술, 종교 따위에서 발견되는 공통된 이미지에서 그 존재를 알 수 있다. 예를 들어, 어느 민족이나 태양에 관한 신화가 있고 뱀이나 어둠에 대한 두려움이 있는데, 이는 경험 이전의 것으로 융은 이것을 원시시대로부터 전승된 기억의 산물이라고 하였다.

⑥ 자기

자기(self)는 성격의 상반된 측면들을 균형 있고 조화롭게 만들려는 내적 충동으로 중심성, 전체성에 대한 무의식적 갈망이다. 즉, 자기는 성격의 중심으로 성격의 통일성과 안정성을 제공한다.

(3) 성격의 유형

융은 자아의 기분 태도를 내향성(introversion)과 외향성(extroversion)으로 구분하였다. 외향적인 사람은 리비도가 객관적인 세계로 지향할 때를 말하는데, 쾌활하고 남성적이고 적극적이다. 또한 다른 사람에게 관심이 많고, 진취적이고 실천적이다. 이들은 적응적이고 사교적이지만 사려가 깊지 못하고 때때로 공격적이 되기도 한다.

내향적인 사람은 리비도가 주관적 세계로 지향할 때를 말하며, 성격 특성이 여성적이고 소극적이고 수동적이다. 자기의 내적 가치기준에 의해 행동하고 주관적으로 판단을 하며, 융통성이 부족하고 결단력이 없으며, 적응력이 부족하다. 어떠한 일에 당면하면 당황하게 되며, 의심과 공포심을 가지게 되어 소극적인 행동을 취할 때가 많다.

예를 들면, 외향적인 젊은 여성은 연회석상에서 즉시 다른 사람들에게 다가서서 대화를 시작한다. 그러나 내향적인 여성은 자신의 내적 상태나 두려움, 희망, 감정 따위에 사로잡혀 망설인다. 인간에게는 누구나 이 두 가지 태도가 성격 안에 함께 있으나 보통 하나가 우세하여 의식되는 반면 다른 하나는 무의식 속에 있다. 이 두 가지 태도는 상호 배제적인 것으로 교대로 나타날 수는 있지만 동시에 의식에 공존할 수는 없다.

(4) 발달단계

융은 유아기부터 성인기에 이르는 성격의 발달단계를 서술하지는 않고 성인기의 발달에 초점을 두어 설명하였다(Crain, 1983 : 317-323).

성인 초기까지는 외적으로 팽창하는 시기로 자아가 발달하고 외부세계에 대처하는 역량이 발휘되는데, 대체로 남자는 남성적 측면을, 여자는 여성적 측면을 발달시킨다. 이 시기의 과제는 외적 환경의 요구에 확고하고 단호하게 대처하는 것이기 때문에 내향적인 사람보다 외향적인 사람이 더 순조롭게 이 시기를 보낸다.

40세 이후가 되면 정신적인 면에 변화가 생겨 추구하던 목표와 야망들이 그 의미를 잃으면서 우울감과 침체감을 경험한다. 따라서 정신은 우리에게 좀 더 내면으로 전환하여 생의 의미를 음미하도록 촉구한다. 이러한 내면으로의 전환은 무의식에 귀를 기울이게 하는데, 결국 인간은 중년이 되어야 완전성의 상징인 자기의 이미지와 만난다.

중년기부터 사람들은 자신의 내면세계에 초점을 두기 시작하지만 그래도 여전히 외적 상황을 변화시킬 수 있는 자원은 남아 있다. 그래서 그동안 소홀했던 계획과 흥미를 다시 갖게 되고 심지어는 직업의 변화를 꾀하기도 한다. 또한 남녀 모두 자신의 상반되는 성적 측면에 대해 표현하기 시작하여 남자는 여성적 측면을, 여자는 남성적 측면을 나타낸다.

따라서 남자는 공격적 야망을 덜 갖고 그동안 소홀했던 대인관계에 관심을 갖지만 여자는 보다 공격적이고 독립적이 된다. 이것이 오늘날 중년부부의 갈등을 초래하는 원인이 된다.

또한 융은 노인이 되면 죽음 앞에서 생의 본질을 이해하게 되는데 내세에 대해 아무런 이미지를 가지고 있지 않은 사람은 죽음을 건전한 방식으로 직면할 수 없다고 믿었다. 내세에 대한 믿음은 인위적인 처방이 아니라 죽음이 가까이 옴에 따라 인간의 무의식 속에 영원에 대한 원형이 솟아나기 때문에 필요하다.

(5) 분석심리이론의 평가

내적 경험의 중요성과 인간 본성의 양면성, 성징주의, 중년기 발달에 대한 관심 등을 중요하게 다루고 있다. 하지만 개념이 너무 어려워 이해하기 쉽지 않다는 평가를 받고 있으며, 명료성이 부족하고 대부분 신비로움과 초자연적인 부분이어서 과학적인 검증이 어렵다는 평가를 받고 있다.

4) 정신역동이론의 사회복지실천 적용

인간서비스 모든 전문영역의 면담방법에 초석을 제공하고 있으며, 주요 인물과의 초기관계와 환경과 상호작용을 이해하도록 하여 사회복지사의 치료자로서의 전문화에 도움을 주었다.

① 클라이언트의 행동을 설명하고 스스로 문제를 인식하도록 돕는 치료방법 제안
② 말로써 제공하는 서비스, 즉 면담방법에 영향을 줌
③ 초기 아동기, 발달과정상의 과업의 중요성을 인식
④ 상황 속의 인간을 인식하고 사정하며 인간의 사회적 관계에 대한 접근의 중요성을 인식하게 함

정리하기

- 분석심리이론의 특징 및 인간관
  - 무의식에 관심을 두면서 성격기능의 다양한 체계를 포괄하고 있음
  - 의식과 무의식이 서로 교류하고 적절한 조화를 이룸
  - 성격발달에서 중년기를 강조함
- 분석심리이론의 주요개념
  - 자아, 페르소나, 음영, 아니마와 아니무스, 개인무의식과 집단무의식, 자기 등
- 성격의 유형
  - 자아의 기본태도로 성격을 구분함(내향성, 외향성)

3. 인지이론

인지(cognition)란 사고의 능력이며 넓게는 사고 외에 지각, 기억, 지능, 언어를 포함한 정신과정으로, 인지발달이란 다양한 인지기능의 복합적인 발달과정으로 볼 수 있다.

따라서 인지이론에는 인간의 지적 능력뿐 아니라 인간의 사고, 태도, 동기 따위의 비지적 능력의 발달에 관한 인지발달이론과, 클라이언트의 왜곡된 인지구조를 변화시켜 새로운 인지구조로 재구조화하여 문제해결을 돕는 인지치료이론이 포함된다.

인지이론에서는 인간을 매우 주관적인 존재로 규정하고 있다. 즉, 이 세상에는 객관적 현실이란 존재하지 않으며 각 개인이 나름대로 의미를 부여하는 주관적 현실만이 존재한다고 본다. 개인의 행동이나 사고를 이해하려면 그 개인의 주관적 현실을 이해해야 한다.

무의식을 강조한 정신분석이론에 비해 긍정적이고 환경에 인간이 능동적으로 적응한다는 측면에서 인간의 성장 가능성을 시사하고 있다. 또한 무의식에 초점을 두고 인간을 다분히 충동적 존재로 보는 정신역동이론과 달리

인지이론에서는 인간의 의식에 초점을 두고 인간을 사고하는 합리적 존재로 인식한다.

대표적인 인지발달이론으로 피아제(Piaget)의 이론과 콜버그(Kohlberg)의 도덕발달이론의 주요 개념과 발달단계를 살펴보고 인지치료이론으로는 벡(Beck)과 엘리스(Ellis) 이론의 주요 개념과 그 이론들의 사회복지실천과의 연관성을 살펴보고자 한다.

1) 피아제의 인지이론

(1) 인지이론의 주요 개념

① 도식(schema)

도식은 유기체가 외부의 사물을 인지하고 대응하는 데 사용하는 지각의 틀 또는 반응의 틀이라고 할 수 있다(서봉연 · 이순형, 1983 : 91). 사건이나 자극의 특징에 대한 추상적 표상이다. 이러한 도식은 일생에 거쳐 계속해서 개발되고 수정된다고 보고 있다.

② 조직화(organization)

인간은 성숙해지면서 다양한 도식들을 개발하고 서로 상이한 도식들을 결합시켜 가는 과정을 거치는데, 이를 조직화라고 한다.

③ 적응(adaptation)

적응이란 유기체가 자신의 주위 환경조건을 조정하는 능력을 말한다. 피아제는 인지발달이 유기체가 환경과 상호작용하는 적응과정(adaptational process)을 통하여 이루어진다고 하였다. 적응과정은 동화(assimilation)와 조절(accommodation)이라는 두 개의 하위과정으로 나누어지는데, 동화는 무엇을 먹거나 소화시킬 때처럼 흡수하는 것을 의미하는 것으로 자기 나름대로의 이해의 틀에 대상을 맞춰 이해하고 해석하는 것이다. 조절은 대상이 기존의 틀로써 이해되지 않을 때 그 틀을 변화시키는 것으로, 이를 통해 인간은 외부세계에 대처하는 방법을 보다 효율적이고 정교하게 구성할 수 있다(Crain, 1983 : 128).

(2) 인지발달단계

인지발달은 아동과 그를 둘러싼 환경 간의 상호작용에 의해 단계적으로 성취되는데, 단계별 성취연령은 개인 차이가 있으나 발달단계는 변하지 않는다.

단계 과도기에는 두 단계의 인지적 특징이 함께 나타날 수 있으며 형식적 조작기에 도달한 아동이나 고도로 인지발달이 된 성인도 때로 낮은 단계의 사고를 할 수 있다.

인지발달은 감각운동 단계 → 전조작 단계 → 구체적 조작 단계 → 형식적 조작 단계의 과정을 거쳐 이루어진다.

① 감각운동 단계(sensory motor stage, 0~2세)

발달내용 및 특징
• 외부세계에 대해 빨기, 쥐기, 때리기와 같은 신체적 행동양식을 조직화 • 자극에 대한 반응으로 감각운동에 기초하여 행동하게 됨 • 대상영속성의 개념이 발달하고 인과론, 목적지향적인 행동의 출현에 동반되는 의도성의 획득 포함

세부단계	연 령	인지발달
반사활동기	출생~1개월	빨기, 파악, 웃음, 미소반사 등 타고난 반사행동을 통해 환경과 접촉하고 적응적 방향으로 수정
1차 순환반응	1~4개월	우연히 어떤 행동을 하여 흥미 있는 결과를 얻었을 때 그 행동을 반복
2차 순환반응	4~10개월	활동 자체의 흥미에서 벗어나 외부에서 흥미로운 사건을 발견하여 반복 우연히 발견한 사건에 대한 의도적 반복, 인과 개념

2차 도식의 협응	10~12개월	어떤 결과를 얻기 위해 둘로 분리된 도식을 협응하여 의도적이며 수단-목적적인 행동을 수행 모방행동이 많아져 타인의 손 움직임뿐 아니라 얼굴표정까지 모방
3차 순환반응	12~18개월	새로운 대상이 제시되면 이리저리 탐색하고 다른 행동양식을 적용해봄으로써 그 대상의 구조와 기능을 밝히려고 노력
상징적 표상	18~24개월	대상의 실체가 존재하지 않더라도 스스로 상징을 만들어 그것에 대해 생각할 수 있음 몸으로 이해하는 대신 마음속으로 행동의 결과를 예측

대상영속성

어떤 대상이 시야에서 사라졌다 하더라도 존재가 소멸되지 않고 살아 있다는 것을 아는 것으로, 타고난 것이 아니라 경험을 통해 획득되며 보편적인 순서를 가진다.

② 전조작 단계(preoperational stage, 2~6세)

발달내용 및 특징
• 언어습득을 통해 상징적 표상능력(개념적 사고) 발달 • 조작능력이 불안정함 : 조작능력에 한계가 있어 지각에 의한 직접적 경험으로 사물이나 사건을 이해 • 자아중심성 • 물활론적 사고 • 타율적 도덕단계 : 규칙은 지켜야 하고 지키지 않으면 벌을 받는다고 생각

상징놀이

가상적인 사물이나 상황을 실제 사물이나 상황으로 상징화하는 놀이이다. 이는 감각운동기 6단계에서 나타나며 전조작기에서 가장 많이 발달한다. 베개를 아기라 하면서 업고 다니고 손을 문질러 씻는 흉내를 내면서 비누라고 하기도 한다.

조작(operation)

수, 액체, 질량의 보존개념을 논리적으로 이해하는 것으로 이러한 조작의 개념이 아직 완전히 이루어지지 않은 상태라 전조작기라고 명명한다.

자아중심성

유아가 자신의 관점과 상이한 다른 사람의 관점이 존재한다는 사실을 알지 못하기 때문에 모든 사람이 자신이 보는 것과 같이 세상을 보고 있다고 생각한다.

물활론(animism)

생명이 없는 대상에게 생명을 부여하고 생명체처럼 생각하는 것이다. 4~6세 정도의 아동은 활동하는 모든 것에 생명을 부여하여 태양을 그릴 때도 그 안에 눈과 코를 그려 넣는다. 그러나 6세를 넘어서면 움직이는 것에만 생명을 부여하여 꽃은 움직이지 않아 죽은 것이고 구름은 움직이므로 살아 있다고 한다. 그러다가 8세가 되면 스스로 동물과 식물에만 생명을 인정한다.

피아제의 도덕발달

전도덕적 단계 - 타율적 도덕 단계 - 자율적 도덕 단계

여러 가지 보존

- 수의 보존

- 질량의 보존

- 액체의 보존

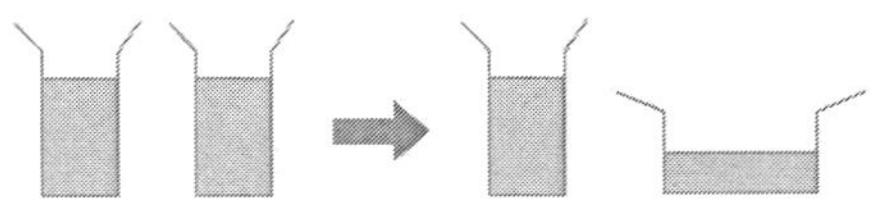

③ 구체적 조작 단계(concrete operational stage, 6~12세)

발달내용 및 특징
• 구체적인 사물과 행위에 대해서만 체계적으로 사고하고 직접적인 경험을 통해서만 인지하는 단계 • 보존, 분류 등의 개념을 완전히 획득 • 탈중심성 • 자율성 도덕관 • 직접적 경험, 실제적이고 구체적 대상에 대한 한정된 논리만 가능 → 언어나 가설적 문제에 적용하지 못함

④ **형식적 조작 단계**(formal operational stage, 12세~성인기)

발달내용 및 특징
• 추상적으로 사고하고 추론을 통해 가설을 세움 • 논리적 원리의 지배 → 가설적, 연역적 인지구조를 통해 과학적 사고 가능 • 13~15세에 형식적 사고능력이 크게 발달 • 지능지수와 정적 상관관계 • 이질적 성원으로 구성된 동년배집단 참여로 촉진 • 학교 교육과정을 통한 촉진

정리하기

- 인지이론
  - 인간은 주관적 존재
  - 한 개인이 무엇을 어떻게 알게 되고, 생각하게 되는지, 무엇을 느끼고 행동하는지에 초점을 두기 때문에 인간의 잠재력과 행동을 이해하고 변화시키는 데 있어 필요한 이론
- 피아제 인지이론의 주요 개념
  도식, 조직화, 적응(동화, 조절), 자아중심성
- 인지발달단계
  감각운동 단계, 전조작 단계, 구체적 조작 단계, 형식적 조작 단계

2) 콜버그의 도덕발달이론

(1) 콜버그 도덕발달이론의 주요 개념

콜버그는 피아제 인지이론에 대한 관심에서 출발하여 도덕적 사고 발달에 초점을 두고 연구하였으며, 피아제 도덕이론(3단계)[1]을 세분화하고 확장하여 발전시켜 도덕발달이론을 만들었다. 그는 인간의 도덕성의 발달은 인지발달 수준에 따라 그 단계가 결정된다고 보았다.

1) 피아제 도덕 단계 : 전도덕적 단계 → 타율적 도덕 단계 → 자율적 도덕 단계

(2) 콜버그 도덕발달이론의 특징

콜버그는 도덕적 딜레마 상황을 제시하고 그 딜레마를 개인이 어떻게 판단하고 그 판단을 어떻게 추론하는가를 분석하여 인간의 도덕성은 총 3수준 6단계를 거치면서 발달한다고 보았다.

발달단계는 불변의 순서대로 진행되며 모든 아동이 최상의 수준까지 가는 것은 아니지만 단계는 순서대로 진행되며, 상위로 갈수록 분화되고 추상적으로 진행된다는 것이다. 콜버그의 도덕발달은 사회화의 산물이 아니고 아동의 자발적인 행동의 결과라고 보고 있으며 그 단계는 전 인습적 수준, 인습적 수준, 후 인습적 수준으로 진행된다.

하인즈의 딜레마

하인즈는 아픈 아내를 살리기 위해 필요한 약을 구하고자 한다. 약의 원료는 200달러밖에 되지 않는데 그 약을 발견한 약제사는 약으로 돈을 벌고자 한 알에 2,000달러를 달라고 한다. 하인즈가 아내의 약값을 위해 어렵게 마련한 돈은 1,000달러밖에 되지 않는다. 약제사에게 찾아가 사정하며 나중에 돈을 갚겠다고 해보았지만 약제사는 이 약으로 돈을 벌어야 하므로 안 된다고 거절하였다. 결국 하인즈는 약방의 문을 부수고 들어가 약을 훔쳤다.

(3) 콜버그 도덕발달단계

① 전 인습적 수준(pre-conventional level : 4~10세) : 전도덕적 단계

이 단계는 규칙이 내면화되어 있지 않으므로 벌을 피하기 위해 혹은 보상을 받기 위해 외부에서 주어진 규칙을 따르는 단계이다.

- 1단계(처벌과 복종의 단계)

의심할 여지 없이 복종해야 하는 고정불변의 규칙이 있다고 생각한다. 이러한 규칙은 강한 권위자가 내려준 것이므로 규칙을 어겼을 경우 벌을 받고 벌을 받는 것은 나쁜 것이라고 판단한다. 따라서 훔치는 일은 벌을 받기 때문에 하인츠의 행동이 나쁘다고 판단한다. 즉, 이 시기의 아동은 행동이 어

떤 결과를 수반하느냐에 따라 달라지는데, 결과상 벌을 받는 것은 나쁘다고 판단한다.

• 2단계(상대적 쾌락 단계)

이 단계에서는 도덕적 행위가 자신과 타인을 만족시켜 주는 수단이지 더 이상 고정적이거나 절대적인 것이라고는 생각하지 않는다. 즉, 모든 문제가 한 가지 이상의 측면을 가지고 있다고 생각한다. 1단계가 처벌을 회피하고자 하는 단계라면 2단계는 보상(reward)을 추구하는 단계이다. 즉, 각자의 입장에서 보상받는 것을 선택한다. 따라서 하인츠는 아내를 구하기 위한 것이었으므로 훔치는 것이 정당하다고 생각할 수 있으나 약제사의 입장에서는 도둑질은 나쁘다고 생각할 수 있다고 본다. 즉, 어느 쪽의 입장에서 생각하느냐에 따라 결과가 달라질 수 있다는 것이다.

② 인습적 수준(conventional level : 10~13세) : 타율적 도덕 단계

인습적 수준에서는 다른 사람의 승인을 얻기 위해 또는 사회적 질서를 유지하기 위해 규칙과 사회적 규범을 따르려고 한다. 이때는 외적인 벌과 보상 대신에 사회적 칭찬과 비난에 대한 회피가 도덕적 행위의 동기가 된다.

• 3단계(착한 소년/ 소녀 지향)

인습적 수준에서는 사회적 승인과 사회질서를 염두에 둔 판단을 하는데, 3단계에서는 행위자가 '착한가'에 따라 판단한다. 즉, 동기와 감정이 정의로운가에 비추어 생각하며 결국 타인으로부터 얼마나 인정받을 수 있는가에 따라 판단한다. 따라서 하인츠는 '아내를 사랑했다', '생명을 구하려고 애썼다' 그러므로 착한 것이고, 반대로 약제사는 '탐욕스럽다', '자신의 이익 때문에 생명에 무관심하다'라고 생각하면서 몹시 분노하며 약제사를 감옥에 보내야 한다고 응답한다. 이 시기의 올바른 행동이란 착하고 이해성 있는 모든 사람들이 인정하는 선의의 행동으로 이루어져야 한다고 생각한다.

• 4단계(법과 사회질서 유지)

일반적인 사회질서에 대해 보다 광범위하게 사고하며, 사회질서가 유지되기 위해서는 법에 복종해야 한다는 것을 강조한다. 따라서 하인츠에게 동정적이지만 그럴 만한 이유가 있을 때마다 모두가 법을 어기면 사회가 어떻게 되겠느냐고 반문하면서 하인츠가 불가피한 상황에서 약을 훔쳤다면 그에 따른 처벌도 함께 받아야 한다고 생각한다. 왜냐하면 법이 존중되어야 사회가 적절히 기능할 수 있다고 생각하기 때문이다. 이 단계의 답은 1단계의 답과 유사하지만 1단계에서는 그 이유가 단순히 "훔치는 것은 나쁘다"이었다면 4단계에서는 사회를 위한 법의 기능을 개념화하고 있다는 점에서 다르다.

③ 후 인습적 수준(post-conventional level : 13세 이상) : 자율적 도덕 단계

후 인습적 수준은 옳고 그름을 정의의 원리에 의해 판단한다. 즉, 도덕적으로 옳은 것과 법적으로 타당한 것이 항상 같은 것은 아니라는 사실을 알게 되면서 법과 무관한 자율적이고, 독립적인 사고를 한다. 따라서 사람들의 욕구와 복지가 중요하게 생각되면서 진정한 도덕성(true morality)에 도달한다.

• 5단계(민주적 법률)

법이란 사람들이 화목하게 살기 위해 공동체가 동의한 장치이므로 사람들에게 필요한 바를 충족시키지 못하면 상호 동의나 민주적인 절차를 통해 변경시킬 수 있다고 본다.

즉, 개인의 가치가 법보다 상위에 있음을 알며 법이 개인을 무시하면 사람들을 설득시켜 법을 개정해야 한다고 생각하지만 여전히 법에 깊은 합리성을 부여하고 있으므로 진퇴양난이 된다. 따라서 하인츠 아내의 살 권리가 중요하다는 것은 알지만 그렇다고 도둑질한 것을 옳다고 할 수 없어 옳고 그름을 분명히 이야기할 수 없다고 한다.

• 6단계(보편적 원리)-소수만이 도달

가장 높은 도덕단계로 옳고 그름을 개인의 양심에 비추어 판단하여야 한다는 것이다.

이 양심의 원리는 구체적 규칙이 아니고 법을 초월하는 '인간의 존엄성'이나 '정당성'과 같은 보편적 정의의 원리이다. 즉, 사회질서의 중요성을 인식하고 있으나 질서정연한 사회라고 하여 모두가 행복한 것이 아니므로 사회질서보다 중요한 원리를 실현시켜야 한다고 깨닫는다. 따라서 하인츠가 도둑질을 할 법적 원리는 없지만 보다 상위의 도덕적 권리를 가지고 있다고 응답한다. 그러나 보편적 원리인 6단계에 도달하는 사람은 많지 않으며 간디, 소크라테스 같은 위대한 철학자, 종교적 지도자 따위만이 여기에 도달했다고 보았다.

정리하기

- 콜버그의 도덕발달이론(하인즈의 딜레마)
  피아제 도덕발달단계를 확장하여 3수준 6단계으로 구분
- 콜버그의 도덕발달단계
  - 전 인습적 수준의 단계(1단계-처벌과 복종의 단계, 2단계-상대적 쾌락 단계)
  - 인습적 수준의 단계(3단계-착한 소년/ 소녀 지향, 4단계-법과 사회질서 유지)
  - 후 인습적 수준의 단계(5단계-민주적 법률, 6단계-보편적 원리)

3) 인지이론의 사회복지실천 적용

(1) 인지이론이 사회복지실천에 미친 영향

① 개인과 환경의 상호작용 강조

인간의 환경에 대한 도식은 적응과 동화를 통해 사회적으로 적절한 기능을 수행하도록 도우며 '상황 속의 인간'을 강조한다.

② 클라이언트가 지각한 현실이 중요하다는 근거 제공

인지는 현실을 해석하여 정서와 행동에 영향을 주는 매개요인이며, 환경을 인지하는 개인에 따라 현실이 달라진다고 본다. 이를 통해 '클라이언트 중심'의 실천이 가능하다.

③ 권한부여(empowerment) 접근을 가능하게 함

인지이론은 사회의 영향력을 고려하면서 '내가 부족해서 문제가 일어난다'는 인지와 신념을 변화시켜 인지이론을 사회복지실천에 적용하고 인지치료가 가능하도록 하였다.

(2) 인지이론의 사회복지실천에의 적용

인지이론은 직접적인 관찰과 면접을 활용하여 과학적으로 이론을 제시하면서 심리적 적응과 부적응 행동을 강조하여 행동과학 분야에 영향을 주어 임상적 영역에서도 인지이론을 활용하도록 하였다.

① 벡(Beck)의 인지치료이론

벡은 개인이 가진 자신과 세계에 대한 지각이 정서적·행동적 문제를 만든다고 전제하고 인지적 왜곡을 수정하여 정서 행동상의 문제를 해결하고자 한다. 인지치료는 증상이나 장애를 제거하기보다는 개인의 비합리적 신념체계를 분석하고 인식하게 하여 기존 사고방식을 변화, 수정 또는 재구조화하여 합리적 신념체계로 변화시키는 데에 중점을 두며, 개인이 가진 자동적 사고에 초점을 두어 스스로 자동적 사고를 식별하고 평가하며 수정할 수 있도록 도울 수 있다고 본다.

가. 자동적 사고 : 한 개인이 어떤 상황에 대해 내리는 즉각적이고 자발적인 평가를 의미한다. 이 사고는 심사숙고하거나 합리적으로 판단하여 내리는 것이 아니라 자동적으로 그 상황에서 튀어나오는 생각이다.

대개 자동적 사고에 따라 그 순간 느껴지는 감정이 달라질 수 있다. 예를 들어, 길거리에서 누군가 나를 쳐다보면 그 순간 '나를 무시한다'는 자동적 사고는 불쾌한 감정을 유발한다.

나. 도식 : 모든 상황은 다양한 자극들로 구성되어 있지만 개인은 자신의 인지구조에 따라 특정 자극에만 선택적으로 주의를 기울여 반응한다. 이러한 인지구조를 도식이라 하는데, 이것은 비교적 안정적인 인지 패턴으로 유사한 상황을 일정하게 해석하는 경향이 있다. 이러한 도식(예 개는 무섭다)은 특정 대상에 대한 이전 경험(예 개에 물린 경험), 타인이 겪는 경험의 관찰(예 타인이 개에게 물리는 것을 관찰), 그리고 그 대상에 대한 타인과의 대화(예 개를 가까이 하면 물린다는 부모의 이야기) 따위로 인해 형성된다.

다. 잘못된 정보처리 : 심리사회적 문제를 가지고 있는 개인들은 다음과 같은 정보처리에 오류가 있어 자신의 생각이 잘못된 것이라는 증거가 있음에도 자신의 생각이 옳다고 믿는다.

② 엘리스(Ellis)의 합리적 정서행동치료 REBT

합리적 정서행동치료에서는 행동을 하기 전, 혹은 하는 동안 스스로에게 무엇을 말하였는가에 따라 문제행동이 결정된다고 본다, 따라서 치료는 클라이언트가 비합리적이고 부적절한 자기언어를 인식하고 보다 합리적이고 긍정적인 자기언어로 대체하도록 돕는 것이다. 즉, 비합리적인 사고와 신념을 변화시켜 비합리적이고 부적절한 자기언어를 보다 합리적이고 긍정적인 자기언어로 대체하도록 돕는다.

합리적 정서행동치료 과정은 ABCDE로 설명될 수 있다(홍경자, 1995 : 295-296). A는 선행사건(Activating event)으로 개인에게 혼란을 야기하는 어떤 사건을 말한다. B는 신념체계(Belief)이다. C는 결과(Consequence)로 그 사건을 신념에 의거하여 해석해서 느끼는 정서적 결과이다. 비합리적 사고방식인

경우 불안, 원망, 비판, 죄책감 따위의 감정을 느낀다. D는 논박(Dispute)으로 클라이언트가 가지고 있는 비합리적 신념이나 사고에 도전하고 그것이 사리에 맞는지를 검토하는 것이다. E는 효과(Effect)로 클라이언트의 비합리적 신념에 대해 논박하여 합리적 신념으로 대체한 뒤 느끼는 수용적이고 긍정적인 감정이다. 이를 표현하면 |그림 3-4|와 같다.

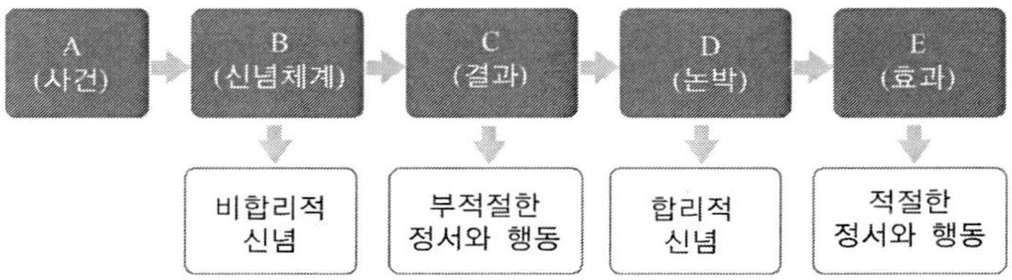

|그림 3-4| 치료과정(ABCDE 모형)

출처 : 홍경자(1995), p. 296.

(3) 인지이론의 실무원칙

① 내담자가 사건, 환경, 타인의 행동 그리고 자신의 행동적 반응을 해석하는 방식에 초점을 두고 사정한다.

② 내담자의 위험과 변화결과에 대한 지각을 탐색하고 자원의 결여, 불완전한 정보나 지식과 같은 장애물이나 제한점을 사정하여야 한다.

③ 인지적 역기능, 왜곡 그리고 결손으로 인한 개인-환경 간의 상호작용의 부적합성을 파악한다.

④ 비합리적인 신념체계로 부적응적 행동이나 정서로 외현화되는 과정을 면밀히 분석한다.

⑤ 증상이나 장애를 제거하기보다는 개인의 비합리적 신념체계를 분석하고 논박함으로써 기존의 사고방식을 변화, 수정 또는 재구조화하여 합리적 신념체계로 변화시키는 데에 초점을 둔다.

⑥ 내담자가 문제의 선행요인에 주의를 기울이고 사건과 감정을 되돌아봄으로써 현재 문제에 대한 인식을 갖게 하고, 다른 관련 문제의 발생과정을 확인할 수 있도록 원조하여야 한다.

⑦ 코치 또는 교사로서 치료과정을 지시하고 지도해야 하며, 내담자에게 온화한 태도를 보이는 것을 삼가야 한다.

정리하기

- **인지이론이 사회복지실천에 미친 영향**
  개인과 환경의 상호작용을 강조, 클라이언트가 지각한 현실이 중요하다는 근거 제공, 권한부여 접근
- **인지이론의 사회복지실천 적용 및 인지치료**
  - 심리적 적응과 부적응 행동을 강조하여 행동과학 분야에 영향을 주어 임상적 영역에서도 인지이론을 활용
  - 인지치료 : 벡(Beck)의 인지치료이론, 엘리스(Ellis)의 합리적 정서행동치료 REBT
- **인지이론의 실천원칙**
  내담자의 사건, 환경, 행동반응 해석방식에 초점을 두고 사정, 내담자가 문제의 선행요인에 주의를 기울이고 현재문제에 대한 인식 및 다른 관련 문제 발생과정도 확인할 수 있도록 원조, 내담자에게 온화한 태도 등

4. 행동주의 이론

행동주의 이론은 정신분석 이론의 비과학성을 비판하면서 실증적인 과학주의에 근거하여 발전한 성격이론이다. 행동주의 이론에서 성격이란 심리적 구조나 역동으로 형성된 것이 아니라 외부환경에 의해 강화된 행동패턴으로 여긴다.

인간의 행동은 학습되고 또한 학습에 의해 수정이 가능하다고 보기에 행동주의 이론은 학습이론이라고도 불린다. 이러한 행동주의 이론 중 중요한

이론으로는 파블로프의 고전적 조건화, 스키너의 조작적 조건화, 반두라의 사회학습이론 등이 있다.

1) 스키너의 행동주의 이론

(1) 스키너(1904~1990) 행동주의 이론의 개요

① 인간관

- 인간은 내적 충동보다 외적 자극에 의해 동기화된다.
- 인간은 보상과 처벌에 따라 유지되는 기계적 존재이다.
- 인간의 행동은 환경의 자극에 의해 동기화되며, 행동에 따르는 강화에 의해 전적으로 결정된다 : ABC 패러다임

선행요인 (Antecedents)	➡	행동 (Behavior)	➡	결과 (Consequences)

|그림 3-5| 인간행동에 대한 ABC 패러다임

② 성격의 발달

- 성격 : 각 개인이 지니고 있는 행동유형의 집합이며, 개인의 행동과 그에 따르는 강화 사이의 관계유형
- 자극-반응의 학습원칙이 동일하게 적용됨
- 유전적 배경과 환경적 조건이 결합되어 개인 특유의 행동유형 형성
- 강화된 행동 → 습관 → 성격

③ 주요 개념

가. 고전적 조건화와 반응적 행동(파블로프)

고전적 조건화에서 인간은 어떤 자극에 유기체가 자동적, 수동적으로 반응을 일으킨다고 보고 반응적 행동(타액분비, 눈물, 공포반응 등)을 보인다고 한다.

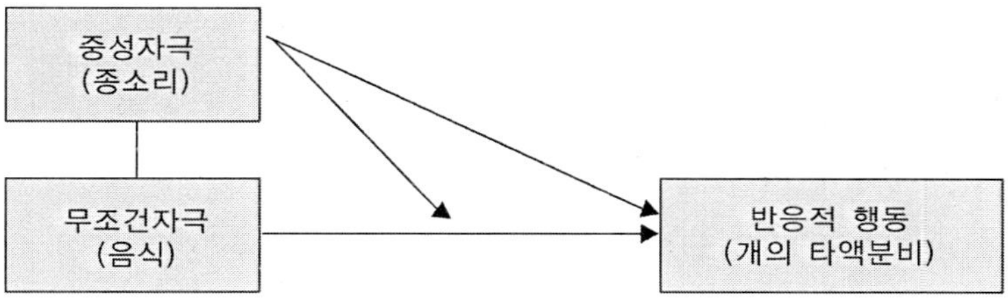

|그림 3-6| 파블로프의 고전적 조건화

나. 조작적 조건화와 조작적 행동(스키너)

스키너는 도구적 조건화 또는 조작적 조건화에 의해 습득된 행동을 조작적 행동이라고 하였으며, 이는 환경을 조작해서 결과를 얻기 위한 행동이라고 볼 수 있다. 조작적 조건화는 인간이 환경을 조작해 변화하는 환경적 자극에 능동적으로 반응하여 나타내는 행동으로 인간을 능동적인 존재로 인식(고전적 조건화–수동적)하게 되었으며, 조작적 조건화를 활용하여 행동수정의 다양한 기법이 개발되었다(스키너상자).

다. 강화(reinforcement)

스키너의 조작적 조건형성의 중심 원리는 강화에 있다. 조작은 선행하는 자극에 따라서 일어나는 것이 아니라 반응의 결과에 초점을 둔다. 반응의 결과는 그 반응을 증가시키거나 약화시킨다.

반응을 증가시키는 결과를 강화물이라 하고 반응을 감소시키는 결과는 처벌이라고 한다. 강화에는 정적 강화(positive reinforcement)와 부적 강화(negative reinforcement)가 있는데, 이 두 가지는 강화된 반응을 이끌어 내는 것이라는 점에서 공통적인 면이 있다.

정적 강화는 즐거운 결과를 부여하여 바람직한 행동을 이끌어 내며, 정적 강화물은 음식, 돈, 칭찬과 같은 특별한 것이다. 정적 강화의 예를 들면, 자기 방을 깨끗하게 청소한 아들에게 아버지가 칭찬을 하거나 아이에게 용돈을 주는 경우이다. 정적 강화를 받은 아이는 이후에도 보상받은 행동을 하려고 할 것이다.

부적 강화는 혐오적 결과를 제거하여 행동재현의 가능성을 높이고자 하는데, 부적 강화는 숙제를 해오면 회장실 청소를 시키지 않는다거나, 지각을 하지 않으면 조기퇴근할 수 있도록 하는 등의 경우이다.

라. 처벌(punishment)

처벌은 혐오자극을 제시하거나 특권을 철회하여 바람직하지 않은 행동이 감소되도록 하는 것이다. 강화는 바람직한 행동을 증가시키는 것에 초점을 두고 있지만, 처벌은 바람직하지 않은 행동을 감소시키는 것에 초점을 두고 있다. 처벌에는 두 가지 종류가 있다. 한 가지는 불쾌한 자극을 제공하는 것으로, 예를 들면 말을 잘 듣지 않고 계속 투정을 부리는 아이의 엉덩이를 찰싹 때린다거나 심하게 야단을 치는 경우이다. 또 다른 한 가지 종류는 어떤 행동에 대하여 긍정적 강화를 철회하는 것이다.

<표 3-6> 강화와 처벌

조치	기대결과 : 행동빈도의 증가/ 감소	
	강화(증가)(+)	처벌(감소)(–)
정적(+)	정적 강화 (좋아하는 것을 준다)	정적 처벌 (싫어하는 것을 준다)
부적(–)	부적 강화 (싫어하는 것을 제거한다)	부적 처벌 (좋아하는 것을 주지 않는다)

마. 일차적 강화물과 이차적 강화물

스키너는 두 가지 유형의 강화물, 즉 일차적 강화물과 이차적 강화물에 대해 설명하였다. 일차적 강화물(primary reinforcers)은 음식, 물, 따뜻함 따위와 같은 무조건자극으로서 이는 학습이 필요하지 않은 것들이다. 반면에 이차적 강화물(secondary reinforcers)은 조건적인 역사를 통하여 학습되고 개발된다. 돈, 관심, 칭찬, 애정과 같은 이차적 강화물은 인간행동을 형성하는

데 있어서 매우 중요하다.

바. 행동조성(shaping)

행동조성(shaping)은 복잡한 행동이나 복합적인 기술을 학습시키기 위해서 사용하는 방법이며, 바람직한 행동을 학습할 수 있도록 기대에 부응하는 행동을 강화함으로써 행동을 점진적으로 만들어 가는 것이다.

행동조성은 원하는 반응에 접근할 때마다 강화가 주어지는 것으로 점진적 접근법이라고도 한다(권육상, 2000). 예를 들어, 아이가 대소변을 가리도록 행동을 학습시키는 경우가 있다. 먼저, 아이의 배변욕구에 관한 의사표시에 칭찬을 하여 자기의 표현행동을 조성하고, 그 다음 순서로 바지를 내리고 변기에 앉고, 배설한 후 변기의 물을 내리는 행동을 차례대로 행하게 함으로써 전체적으로 배변을 해결할 수 있는 바람직한 행동을 학습시킨다. 복합적인 행동을 학습하기 위해서는 구체적이고 세분화된 행동의 단계로 구분하여 접근하는 것이 효과적이다.

사. 변별자극

특정 반응이 보상을 받거나 혹은 보상을 받지 못할 것이라는 단서 혹은 신호로 작용하게 하는 자극을 변별자극이라고 한다. 인간은 변별자극으로 외적 세계를 예측하고 통제한다.

(2) 기본 가정

스키너는 자극과 반응이라는 학습원칙이 누구에게나 동일하게 적용되지만 각 개인이 지니고 있는 유전적 배경과 독특한 환경적 조건이 결합되어 개인의 행동유형이 형성되기 때문에 사람들 각자의 행동발달 유형이 다르다고 보았다. 스키너는 인간의 행동발달을 단계별로 구분하여 그 특성을 논의하는 것은 의미가 없다고 하면서 특정한 행동발달단계를 제시하지는 않았다.

스키너는 정신병리의 발달을 설명하기 위해서 학습원리를 활용하고 있다. 즉, 부적응·일탈행동은 정상적인 행동의 학습원리에 의해서 이해될 수 있고 수정될 수 있다고 하였다.

스키너는 인간행동이란 환경적 자극에 의해서 동기화되며, 행동결과에 따르는 강화에 의해서 결정된다고 봄으로써 환경결정론적인 기본 가정을 가지고 있다. 인간의 행동은 환경적 요소들에 의해서 형성되고 통제되며, 인간의 행동을 결정하는 데 의식적인 선택의도와 주관적 경험이 중요하다는 것이다.

정리하기

- 행동주의 이론
  정신분석이론의 비과학성을 비판, 실증적 과학주의에 근거하며 외부환경에 의해 강화
- 스키너의 행동주의 이론
  내적 충동보다 외적 자극에 의해 동기화, 보상과 처벌에 따라 유지되는 기계적 존재, 행동은 환경의 자극에 의해 동기화되며, 행동에 따르는 강화에 의해 결정
- 행동주의 이론의 주요 개념
  조작적 조건형성, 처벌, 강화, 행동형성, 변별자극

2) 반두라의 사회학습이론

반두라의 사회학습이론은 내적 과정과 외적 과정을 잘 결합한 행동주의 학파의 이론이다. 스키너는 모든 학습이 직접적인 경험을 통해서 이루어진다고 보는 반면에 반두라는 자신의 경험을 통해서뿐 아니라 관찰학습을 통해서도 학습이 이루어진다고 하였다. 관찰을 통한 대리강화를 함으로써 학습한다는 측면은 사회학습이론에서 인지가 중요한 역할을 한다는 의미이다. 반두라의 사회학습이론은 인지심리학에 영향을 주었고, 발달에서 사회적 영향에 관한 분석뿐 아니라 행동수정의 원칙에도 영향을 주었다(Thomas, 1985).

(1) 반두라의 사회학습이론의 개요

① 인간관

사회학습이론에서 인간의 행동은 환경적 자극에 의해 동기화되고, 다른 사람의 행동을 관찰하여 모방한 결과로 학습이 가능하다고 보았다. 인간이 스스로 자신의 인지적 능력을 활용하여 사려 깊고 창조적인 사고를 함으로써 합리적 행동을 계획할 수 있는 능력이 있다고 믿었는데, 이는 스키너와 비교가 되는 부분이다.

② 주요 개념

가. 모방

반두라는 사회학습에 있어서 중요한 과정은 모방이라고 하였다. 다른 사람이 행동한 것을 보고 들으면서 그 행동을 따라서 하는 것으로 학습이 가능하며, 공격행동, 이타행동, 불쾌감을 주는 행동 등이 모방을 통해 학습될 수 있다.

나. 인지

인간이 지식을 획득하고 조직하고 사용하는 과정에서 인지적 능력이 중요하고 본다. 사람은 다른 사람을 관찰함으로써 어떻게 새로운 행동이 형성되는지를 알고, 이 정보를 입력하여 행동을 위한 지침으로 사용한다. 사람은 어떤 행동을 수행하기 전에 무엇을 하는 예를 통하여 배울 수 있기 때문에 불필요한 실수를 줄일 수 있다.

그래서 인지적 매개과정은 대리학습을 할 수 있게 하고 실제로 행동을 하기 이전에 행동 학습에서의 교정을 가능하게 한다. 인지는 지식을 획득하고 조직하고 사용하는 과정이라고 할 수 있는데, 인간은 장래를 계획하고, 내적 표준들에 의하여 자신의 행동을 조절하며 행동의 결과들을 예상할 수 있다. 그러므로 학습된 반응을 수행할 수 있는 의지는 인지적인 통제하에 있다.

다. 자기규제(self regulation)

자기규제란 자신의 행동을 감독하고 스스로 자부심을 가지는 것으로서, 주로 인간의 행동은 자기강화에 의하여 규제된다. 즉, 인간의 행동이란 외부로부터의 보상이나 처벌에 따라서 영향을 받기도 하지만 자신이 정한 내적 표준의 지배를 받기도 한다.

인간행동은 자기강화에 의해 조정되며 자신이 정한 내적 표준에 따르게 된다.

라. 자기강화(self-reinforcement)

자신의 기대와 표준을 정해놓고 그것에 도달하거나 초과하거나 미치지 못할 때 자기 자신에 대한 보상과 처벌을 스스로 관리하는 것이다. 이것은 통제할 수 있는 보상과 처벌을 스스로에게 주어 자신의 행동을 유지하거나 변화시키는 과정이다.

마. 자기효율감(self-efficacy)

자기효능감이란 자신이 바라는 목적을 이루기 위해 어떤 특정 행동을 성공적으로 수행할 수 있다는 신념이다. 자신을 능력 있는 사람으로 판단하는 사람은 자신이 수행할 수 있다고 믿는 과업과 도전을 잘 해내고, 자신의 능력을 초과하는 일을 피하는 경향이 있다. 자기효능감이 있는 사람은 역경에 직면했을 때 그 상황에 잘 대처해 나간다. 자기효율성은 자기강화와 내적 행동평가기준에 의해 만들어지게 된다.

바. 관찰(모방)학습

관찰학습이란 모델이 되는 타인들의 행동을 관찰함으로써 종합하여 새로운 행동을 만들어내는 과정이다. 인간을 관찰을 통해 새로운 행동패턴을 습득할 수 있다. 반두라는 관찰에 의한 학습과정에 영향을 끼치는 인지적·사회적 요소에 관해 말하면서, 관찰학습은 네 가지 단계로 이루어진다고 하였다.

주의집중단계 - 유지단계 - 운동재생단계 - 동기화단계

- **주의집중단계** : 관찰학습의 첫 단계는 주의집중(attention)단계이다. 모델링을 하는 과정에서 관련된 자극에 주의를 기울이고 관찰된 행동을 배우면서 중요하지 않은 것은 걸러낸다.
- **유지단계** : 유지(retention)단계란 주위의 모델로부터 받은 내용과 인상을 자신의 내면에 오랫동안 기억하는 것을 말한다. 아이들은 자신이 관찰한 행동을 어의적으로나 시각적인 상상력을 통하여 기억한다. 어린아이들은 제스처나 소리를 즉각적으로 모방하고 나이가 든 아이들은 이후의 회상과 재생산을 위하여 모델로부터 얻은 상징을 더욱 잘 저장할 수 있다.
- **운동재생단계** : 운동재생(motor reproduction)단계는 심상(imagery)에 저장되어 있거나 상징적으로 부호화된 기억을 행동으로 전환하는 것이다. 아이는 관찰된 행동을 재생산할 수 있는데 기억을 행동으로 전환하기 위해 운동동작의 실천을 위한 반복과 교정을 통하여 행동적 실천감각을 익히고 각 하위기술을 되풀이할 수 있는 반응 패턴으로 조직할 수 있는 능력이 필요하다. 그러나 모델을 통하여 상징적인 표상을 주의 깊게 기억하고 그 기억을 행동을 통하여 연습하여도 모델이 보여주었던 행동과 같은 수준의 행동을 수행할 수 없는 경우가 많다. 또한 관찰을 통하여 새로운 반응양태는 알 수 있어도 자신의 신체적 능력의 한계로 그 행동을 수행할 수 없는 경우가 많다(Bandura, 1977). 아이가 관찰된 행동을 모방함으로써 충분히 향상될 수 있다는 점에서 아이의 운동발달과 근육발달은 매우 중요하다. 반면에 개인의 신체적 능력 차이로 동일한 수준의 행동 수행을 하지 못하는 경우가 있다.
- **동기화단계** : 동기화(motivational)단계는 관찰학습 과정의 결과를 유지하기 위해서 필요하다. 반두라는 보상만 가지고는 지속적인 모방을 위한 동기를 만들어 내는 데 충분하지 않다고 하였고, 행동을 수행할 수 있

는 능력을 가지고 있다 하더라도 인센티브나 동기가 없이는 행동을 수행하지 않을 것이라고 하였다. 아이는 단순히 결과를 경험하는 것이 아니라 예상되는 결과들을 소중히 한다. 이러한 결과들은 행동적 결과를 예견하고 모델이 된 행동들을 선택하게 함으로써 아이의 행동을 규정하도록 돕는다. 그러므로 모델을 통한 관찰학습은 긍정적 자극이 주어질 때 동기화되고 행동으로 전환될 수가 있다.

사. 상호결정론

반두라는 인간의 성격이란 개인적·행동적·환경적 요소들 간의 지속적인 상호작용에 의하여 발달한다고 보았으며 이를 상호결정론이라고 하였다 (Bandura, 1977 : 345).

상호결정의 과정은 |그림 3-7|에서 보는 바와 같이, 환경(E)은 사람이 행동하는 상황을 제공하고, 사람(P)은 인지와 지각을 통하여 그 상황을 분석하여 어떤 행동을 선택할 것인지 결정하며, 행동(B)은 사람의 상황 분석과 관련된 정보를 제공하고 그 환경을 수정한다. 즉, 어떤 개인이 스스로 무엇을 할 수 있다는 신념은 어떤 특별한 행동을 수행하는 것에 영향을 주고, 그 행동은 환경에 영향을 준다. 환경은 다시 그 사람의 기대를 변화시키는 역할을 한다. 그러므로 환경(E), 사람(P), 행동(B) 세 가지 요소는 서로에게 영향을 주며 상호 의존적이다.

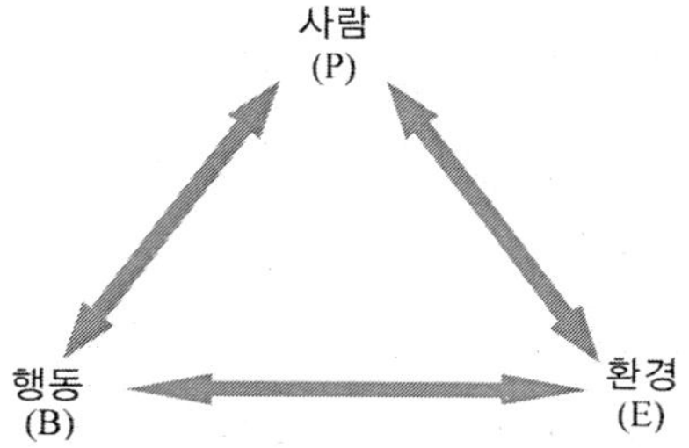

|그림 3-7| 상호결정의 과정

(2) 성격의 발달

사회학습이론에서 인간은 관찰이나 모방학습을 통해서 습관이 형성되고 이러한 습관들이 성격을 형성한다고 본다. 이런 성격발달과정은 사회화의 과정이라고 볼 수 있으며, 개인의 유전적 소질, 외부의 보상이나 벌도 성격 형성에 영향을 주는 요소이다.

성격은 자기강화에 따라 결정되며 자기효율성도 영향을 끼치게 된다.

정리하기

- 반두라의 사회학습이론
  - 자신의 경험뿐만 아니라 관찰학습을 통해서도 학습이 이루어진다고 봄
  - 인지적 능력 중시
- 주요 개념
  - 모방, 인지, 자기규제, 자기강화, 자기효율성, 상호결정론
  - 관찰(모방)학습의 과정
- 성격발달

  관찰, 모방 학습을 통해 습관 형성 → 성격형성

3) 행동주의 이론의 사회복지실천 적용

(1) 스키너 이론의 평가

스키너는 인간의 행동은 환경과의 상호작용에서 개인적 특성이 촉진되거나 선택되는 자연스러운 선택과정에 의해서 형성된다고 주장하였다.

첫째, 인간행동을 결정함에 있어서 고도의 정신과정이 중요함에도 스키너는 인지의 창조적인 면을 염두에 두지 않았다.

둘째, 인간의 모든 행동은 조작을 통하여 변화할 수 있다는 주장에 대해 주류적인 심리학에서는 전적으로 받아들이기 힘든 제한점을 안고 있다.

셋째, 스키너에 따르면 인간행동은 결과, 즉 보상과 처벌에 의해서 유지되며, 인간의 행동은 법칙적으로 결정되고 예측이 가능하며, 통제될 수 있다고 보았다. 스키너의 이론은 정신적인 문제나 심리적인 어려움이 있는 사람들을 위하여 행동적 치료원리로 활용되고 있다. 또한 불안이나 충동, 공포 증상으로 고통받고 있는 사람들의 치료를 위해서도 광범위하게 활용되고 있다.

넷째, 철저하게 통제된 스키너의 실험은 예기치 않은 상황이나 사건을 예측하기가 매우 어렵다. 그러므로 스키너의 이론은 새로운 실험적인 주장을 만들어서 사용할 수 있는 이론적인 측면이 없다는 비판과 너무 단순하고 부분에만 초점을 두기 때문에 인간행동의 전체적인 복합성을 잘 설명해 주지 못한다는 비판을 받고 있다.

스키너 이론의 장점은, 첫째, 치료 기법의 효과성을 중시하고 발전시킨 점, 둘째, 치료 기법에 대한 정밀한 측정을 강조한 점, 셋째, 비교적 짧은 시간 내에 개입의 효과를 기대할 수 있다는 점이다.

(2) 반두라 이론의 평가

반두라는 단지 자극-반응이라는 유형을 넘어서서 복합적인 사회적 상호작용의 중요성을 강조했다. 즉, 인간의 행동은 사람과 환경 간의 상호작용에 의해서 형성되며, 또한 그 환경에서 일어나는 사건에 대한 인지적 평가에 의해서 행동이 형성된다고 믿었다. 이러한 현상을 상호결정론이라고 하였다. 그러므로 사정 과정(assessment process)에는 스키너의 행동적 평가를 포함할 뿐 아니라 사건의 목적, 동기, 의미 등에 대한 개인의 인지(사고나 신념)를 포함하고 있다는 측면이 다른 행동주의 이론과의 차이점이다.

사회학습이론은 오늘날 인간을 돕는 현장에서 매우 유용하게 활용되고 있으며, 인간을 더욱 낙관적으로 바라보며, 과거보다는 '여기 그리고 지금', 또는 미래에 대하여 강조점을 두고 있다는 장점이 있다.

(3) 행동주의 이론의 사회복지실천에의 적용

행동주의 이론은 원조의 초점을 변화시켰는데 이전에 정신 내적 갈등에 초점을 두던 개입을 인간이 보이는 외현적 행동으로 변화되도록 하는 역할을 하였다. 또한 인간의 신체적·심리적 발달 환경의 중요성을 강조하게 하였으며, 개입기법에도 많은 영향을 주었다. 또한 치료의 효과성을 중시하고 효과성에 대한 정밀한 측정을 가능하게 하였으며 개입과정을 단기간으로 당기는 역할을 하였다.

① 행동주의 이론의 장점

- 치료기법의 효과성을 중시하고 발전시켰다.
- 치료기법에 대한 정밀한 측정을 강조하고 단기간 내에 개입의 효과성을 측정하고 제시하는 데 유용한 이론이다.

② 사회복지실천에의 적용

- 상황에 있어서 '문제'에 대한 정의를 내리는 데 도움이 되었다.
- 정신건강, 가족치료, 노인복지, 예방활동 분야 등 다양한 실천영역에서 개입전략으로 사용되었다. 그 예로 강화, 처벌, 사회기술훈련, 모델링, 체계적 둔감법 등이 있다.
- 사회복지사가 클라이언트의 행동을 명확히 인지하고 이 행동이 어떻게 서로 연관되는지 파악하는 것을 가능하게 하였다.
- 임상모델링을 통해 관찰과 모방이 클라이언트의 문제행동 제거에 유용하다는 것이 입증되었다.

③ 행동주의이론 치료기법

조건적 조건화와 이론과 관련된 행동치료기법에는 강화, 타임아웃, 사고중지, 벌 등이 있다. 또한 사회학습이론을 활용한 치료기법은 모델링, 자기지도, 인지적 행동수정, 행동조성법 등이 있다.

- 강화

강화란 스키너의 조작적 조건화의 중심원리로서 표적행동의 출현빈도를 높이기 위한 행동절차이다. 행동의 빈도를 조절한다는 점에서 강화와 처벌은 유사해 보이지만 강화는 행동의 빈도를 늘리는 데 초점을 두고 처벌은 행동의 발생빈도를 줄이는 데 초점을 둔다는 차이가 있다. 강화물은 행동을 강화할 때 미래에도 그 행동을 다시 할 가능성을 높여주는 자극물을 말한다.

- 타임아웃

강화를 일시적으로 중단한다는 의미로서의 타임아웃은 이전에 받았던 강화를 소거하여 특정 행동의 발생빈도를 줄이기 위한 행동전략이다. 이는 혐오스러운 자극을 제공하는 대신 클라이언트를 다른 장소로 잠시 옮겨 놓도록 하는 것이다.

- 사고중지

사고중지는 클라이언트가 강박사고와 같이 원하지 않는 생각을 멈추게 하는 행동기법이다. '원하지 않는 생각이 날 때마다 항상 방해를 받으면 결국 그러한 생각은 없어지게 된다'는 원리에 기초한다. 사고중지는 적용하기 쉽고 클라이언트가 무리 없이 이 기법을 받아들이며, 일상에서의 자기조절 방식으로 쉽게 활용할 수 있다는 장점이 있다.

- 벌

강화가 칭찬이나 상으로 우리에게 알려져 있는 것 같이 벌은 어떤 반응에 대하여 어떤 자극을 즉각적으로 뒤따르게 함으로써 그 반응이 장차 일어날 확률을 감소시키는 것이다.

- 모델링

모델링이란 어떤 특정한 사람의 행동이나 말을 그대로 따라 하는 행동을 의미한다.

• 자기지도

자기지도란 자신의 인지적 행동수정 프로그램을 자기 스스로 이끌어 나가는 것을 말한다. 자기강화는 직접 강화물과 강화방법을 정하여 바람직한 행동을 했을 때 자신이 스스로에게 강화물을 주는 것이다.

• 인지적 행동수정

인지적 행동수정이란 인지구조를 수정하여 개인의 문제행동을 변화시키는 방법이다. 엘리스는 인지·정서·행동치료는 행동의 수정보다는 사고의 변화를 강조하는 반면, 반두라의 인지행동수정은 사고도 바꾸지간 그보다는 행동을 바꾸는 것에 궁극적인 목적을 두고 있다.

• 행동조성법

행동조성법은 조작적 조건형성의 원리를 이용하여 부적절한 행동을 없애고 바람직한 행동을 형성하게 하는 기법이다. 부정적 행동에 대해서는 강화물을 제거하고 새로운 적응적 행동에 대해서는 긍정적 강화물을 제공하여 바람직한 행동으로 만들어 가는 기법이다.

정리하기

- 행동주의 이론의 평가
  - 스키너 행동주의 이론의 평가 : 치료기법의 효과성을 중시하고 발전시켰으나 인지의 창조적인 면을 간과함
  - 반두라 사회학습 이론의 평가 : 복합적인 사회적 상호작용의 중요성을 강조(인지적 평가), 사회심리적 사고 발달에 공헌을 함
- 행동주의 이론의 적용
  - 원조의 초점 변화
  - 신체적·심리적 발달 환경의 중요성
  - 개입기법에 영향을 줌
  - 치료기법의 효과성 중시, 정밀한 측정, 개입의 단기성

• 행동주의 이론의 치료기법
 - 강화, 타임아웃, 사고중지, 모델링, 자기지도, 인지적 행동수정, 행동조성법 등

5. 인본주의 이론

인본주의 이론은 무의식적 결정론에 근거한 정신분석이론과 환경결정론에 근거한 행동주의 이론의 입장에 반대하면서 나타난 제3세력의 심리학이다. 인본주의 이론은 실존주의 철학에 기원을 두고 있으며, 자아실현, 긍정적 측면(사랑, 가치, 창조성, 의미 등)에 초점을 두고 있다. 인본주의자들은 각 개인이 자신의 행동과 경험의 중요한 결정자임을 강조하며, 치료자와 내담자의 관계를 중시한다. 인간은 자신의 행동을 자유롭게 선택하는 의지를 지닌 존재이며, 잠재력을 실현할 수 있는 존재이다. 인본주의 이론의 대표적인 학자는 로저스와 매슬로우가 있다.

1) 로저스의 현상학 이론

(1) 개요

로저스는 인간은 자기이해와 자기실현을 위한 잠재력을 지니고 있으며, 자아실현은 일생을 통해서 이루어지는 과정이라고 보았다. 인간은 신뢰하고 존경하는 분위기가 된다면 긍정적으로 발달하고 성장한다. 따라서 치료자의 감정 이입적·무조건적인 긍정적인 태도는 효과적인 원조관계에서 필수적이다. 로저스(Rogers)는 '지금 그리고 여기(here and now)'를 강조하는 현상학적 성격이론으로 자아(self)의 중요성 강조하였으며, 개인의 내적 준거틀(internal frame of reference)을 이해할 필요가 있다고 하였다.

(2) 인간에 대한 관점

로저스는 인간에 대하여 주체적이고 능동적으로 삶을 창조할 수 있는 존재로 보았다. 적절한 환경이 주어지면 일생 동안 성장, 발전을 하는 존재이며, 통합적인 존재로서 전체론적 관점에서 접근이 필요하다.

(3) 주요 개념

① 현상학적 장(주관적 경험, 경험적 세계)

현상학은 개인의 주관적 경험, 감정, 그리고 세계와 자신에 대한 개인적 견해와 사적 개념을 연구한다. 특정 순간에 개인이 지각하고 경험하는 모든 것이 현실이며, 현재 행동을 결정하는 것은 과거 그 자체가 아니라 과거에 대한 각 개인의 현재의 해석이라고 보았다.

② 자아(self, 자기)

자아는 가장 중요한 구성개념으로 자신에 대해 가지고 있는 조직적이고 지속적인 인식을 말한다. 이는 현재의 개인의 개념이며 자신에 대한 자아상이다. 현실자아와 이상적 자아로 구성된다.

③ 자아실현 경향 : 인간의 본질적 추구

인간은 자신의 능력을 개발하는 경향이 있다. 다시 말해서, 인간은 선천적으로 자신을 유지하거나 향상시키기 위하여 자신의 능력을 개발하는 경향성을 지니고 있는데, 이를 자아실현 경향성이라고 한다. 자아실현은 더욱 능력 있는 사람이 되는 과정이다. 모든 사람은 생존해 있기 때문에 선천적으로 동기화되며 근본적으로 활동적이고 자아실현적이다.

④ 긍정적 관심에 대한 욕구

모든 인간은 중요한 사람으로부터 따뜻함, 존경, 사랑 그리고 수용을 얻고 싶은 기본적인 욕구를 가진다. 아동의 경우 긍정적인 관심에 대한 욕구를 만족시키기 위해서 자신의 유기체적 평가과정을 희생하면서까지 상대의 판단에 맞추려는 경우가 있다. 아동은 타인으로부터 긍정적인 관심을 얻기 위하여 자신이 경험한 어떤 가치를 부정하고 타인이 생각하는 가치에 따라서 그 경험을 지각한다. 이러한 현상은 어린 시절에 자연스럽게 발달하며, 어린 시절의 긍정적인 관심에 관한 강한 욕구는 중요한 사람들이 자기에 대해서 가지는 기대와 태도에 많은 영향을 받는다.

⑤ 무조건적 긍정적 관심

로저스는 무조건적인 긍정적 관심(unconditional positive regard)이 건강한 성격 발달을 위한 중요한 요소라고 하였다. 이것은 어떤 개인에 대하여 조건 없이 있는 그대로 그 사람을 수용하거나 존경하는 것을 의미하며, 어떤 경우에서든지 주어지는 완전하고 진실 된 사랑과 존중을 의미한다. 반대로, 조건적인 관심은 잠재력을 상실하고 자기소외를 겪게 한다.

⑥ 완전히 기능하는 사람

'완전히 기능한다'는 것은 자신의 잠재력을 인정하고 능력과 자질을 발휘하여 자신에 대한 완벽한 이해와 경험을 풍부하게 하는 방향으로 이동해 나가는 것이다. 로저스는 완전히 기능하는 사람이 공통적으로 가지는 다섯 가지 중요한 성격 특질을 언급하였다(이훈구, 2000; Hjelle & Ziegler, 1981 : 416-417).

- 완전히 기능하는 사람은 경험에 대하여 개방적이다.

경험을 개방하는 사람은 그 자신을 들을 수 있으며, 자신의 내부에서 무엇이 일어나고 있는가를 경험할 수 있다. 그들은 자신의 감정을 민감하게 인식하고 이를 억압하지 않는다. 또한 감정에 민감하되 충분하게 합리적으로 자신의 감정을 인식하며 사리 판단을 하여 상황에 적절하게 반응한다.

• 완전히 기능하는 사람은 실존적인 삶을 사는 사람이다.

실존적인 삶이란 인간이 존재의 매 순간을 충분히 만끽하며 사는 것을 뜻한다. 현재의 자기나 미래의 자기는 그 순간으로부터 나오는 것이며, 개인의 자아와 성격은 경험으로부터 나타난다. 그들은 실존적인 삶을 살아가는 과정에서 자신의 경험구조를 발견하며, 유동적이고 적응적이며 관용적이고 자발적이다.

• 완전히 기능하는 사람은 유기체적인 신뢰가 있다.

대부분의 사람들은 일부 집단이나 기관이 지켜 온 사회적 규범에 의존하며 타인의 판단이나 과거에 자기가 유사한 상황에서 행동했던 방법에 의존한다. 즉, 그들의 의사결정은 외적 영향력의 출처에 의해서 좌우된다. 그러나 완전히 기능하는 사람은 자신의 유기체적 경험을 통하여 자신이 해야 할 것과 하지 말아야 할 것을 결정한다.

• 완전히 기능하는 사람은 경험적 자유를 지니고 있다.

주관적인 경험적 자유란 인간이 자기의 세계를 형성하는 데 중요한 역할을 담당할 수 있다는 자신의 의지를 나타내는 감정이다. 로저스는 인간의 행위가 생물학적인 신체구조나 사회적 압력, 과거의 경험에 의해서 강하게 영향을 받는다는 점을 인정하고는 있지만, 인간은 자기가 선택한 인생을 자유스럽게 살아갈 수 있다고 보았다. 그러므로 경험적 자유는 인간이 자신의 행동과 그 결과에 책임을 지는 것은 자신뿐이라는 의미를 내포하고 있다. 완전히 기능하는 사람은 자신의 인생에서 많은 선택을 하며 실제로 자신이 원하는 것은 어떤 것이든지 실제로 행할 수 있다.

• 완전히 기능하는 사람은 창조성을 지니고 있다.

훌륭한 삶을 사는 사람은 창조적인 사람이며, 그들은 문화 내에서 건설적으로 살아가는 경향이 있다. 이들은 자신의 깊은 곳에 있는 욕구를 만족시키며, 사회 속에서 살아가고 있지만 사회에 얽매여서 살아가지는 않는다.

정리하기

• 인본주의 이론에 대한 이해
  - 인간중심 이론, 무의식적 결정론에 근거한 정신분석이론과 환경결정론에 근거한 행동주의 이론의 입장에 반대 → 제3세력의 심리학
• 로저스의 현상학 이론
  - 주관적 세계만 존재, 현재 지금 행동에 초점
  - 인간에 대한 신뢰성, 창조성, 자아실현성 강조
  - 무조건적 긍정적 관심이 중요

2) 매슬로우의 자아실현 이론

(1) 인간관

인간의 본성은 본질적으로 선하고, 인간은 자유롭고 자율적인 존재이다. 인간행동은 내면에서 나오지만 무의식적 동기의 산물은 아니므로 인간은 자율적이며 창조적인 존재이다. 인간은 기본적인 욕구가 충족되면 인간성을 성취하고 자아실현을 하게 된다.

(2) 주요 개념

① 욕구단계이론

매슬로우(Maslow)는 인간에게 있는 기본 욕구와 메타 욕구(meta need)를 구분하는 동기화 이론을 제시하였다(Maslow, 1967). 기본 욕구는 결핍 욕구라고도 하는데, 음식과 물, 온도, 사랑과 애정, 안전, 자아존중 등에 대한 욕구들이다. 메타 욕구는 성장 욕구 또는 자아실현 욕구라고도 하며, 정의, 선, 미, 질서, 조화, 잠재능력과 재능을 발휘하려는 욕구들이다.

기본 욕구는 대부분 메타 욕구에 비하여 우세하며 계층적 순서로 배열된다. 메타 욕구도 기본 욕구처럼 선천적이라고 보았으나, 기본 욕구만큼 사

람들에게 본능적이거나 선천적인 것이 아니며, 메타 욕구가 충족되지 않을 때, 사람들은 소외, 고민, 냉담, 냉소 등과 같은 상태가 되어서 병적인 상태가 될 수도 있다. 즉, 심리적 건강을 유지하고 완전한 성장을 이루기 위해서는 메타 욕구(성장 욕구)를 만족시켜야 한다. 매슬로우는 인간의 기본 욕구(또는 동기)는 타고난 것이며, 강도와 중요성에 따라서 계층적 단계로 배열되어 있다고 하였다. 인간의 욕구는 다섯 단계로 구성되어 있으며 낮은 단계에 있는 욕구가 어느 정도 만족되어야 더 높은 단계의 욕구를 의식하거나 동기가 부여된다고 가정하였다(Hjelle & Ziegler, 1981 : 368). |그림 3-8|은 매슬로우의 인간욕구 5단계를 나타내고 있다.

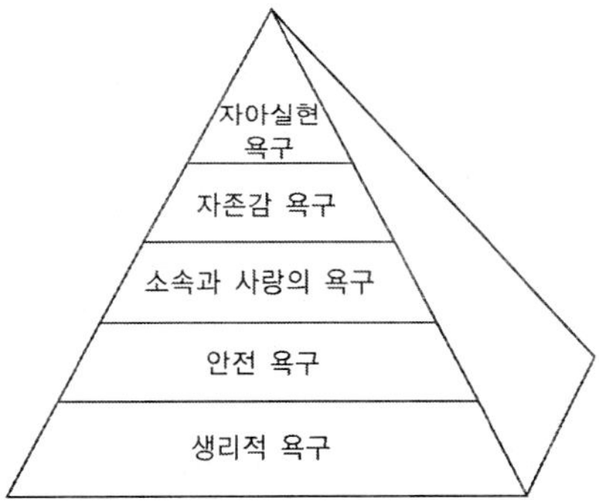

|그림 3-8| 매슬로우의 인간욕구 5단계

② 욕구의 위계

인간의 욕구는 중요성과 강도에 따라 위계적으로 배열되는데 보편적으로 대부분의 인간이 하위단계의 욕구가 어느 정도 충족된 후에 상위단계의 욕구를 충족시키려고 노력한다. 욕구의 위계는 먼저 생리적 욕구, 안전 욕구, 소속과 사랑의 욕구, 자존감 욕구, 자아실현 욕구 순으로 이루어져 있다고 본다.

가. **생리적 욕구** : 인간의 욕구 중에서 가장 기본적이고 강한 욕구이다. 예를 들면, 음식물, 물, 산소, 활동과 수면, 성, 추위나 더위로부터의 보호, 감각적인 자극에 대한 욕구들이다. 사람들은 이러한 기본적 욕구가 만족되지 않으면 더 높은 단계의 욕구를 충족하려는 시도를 하지 않으려 한다. 항상 배고픈 사람에게는 음식이 중요한 요소인 반면에 자유, 사랑, 공동체 의식, 존경, 철학 따위는 일차적 관심 밖의 일들이다. 그 이유는 이러한 것들이 고픈 배를 채우지 못하기 때문이다. 생리적 욕구는 인간행동을 이해하는 데 있어서 중요한 요소이다.

나. **안전 욕구** : 사람은 생리적 욕구가 만족되면 안전 욕구에 대해서 관심을 가진다. 안전 욕구로는 안정감, 보호, 의존, 질서, 구조, 제한성, 공포나 불안, 위험으로부터의 자유가 있다. 안전에 대한 욕구는 유아와 어린아이들이 많이 지니는데, 이는 상대적인 무력감과 어른에 대한 의존성 때문이다. 가정 내에서 부모가 가지는 어느 정도의 엄격성은 아이의 안전에 대한 욕구를 충족시켜 주는 역할을 한다. 아이를 개방적이고 자유롭게만 기르는 부모는 아이의 안전 욕구를 만족시키지 못한다. 또한 가정 내에서 부모 간의 싸움, 별거, 이혼, 가족 구성원의 죽음은 아이들이 자신이 처해 있는 환경을 불안전하게 느끼게 만든다. 안전에 대한 욕구는 전쟁, 범죄, 홍수, 지진, 폭동, 사회조직의 해체가 발생할 때도 나타난다.

다. **소속과 사랑의 욕구** : 소속과 사랑의 욕구로는 사랑, 애정, 가족이나 집단에 대한 소속감, 우정, 사람들과 시간을 함께 보내는 것이 있다. 사람들은 친구나 가족, 사랑하는 사람이 없을 때 심한 외로움을 느낀다. 그러므로 소속에 대한 갈망과 소외, 고독, 낯섦, 고립감 따위를 극복하고자 하는 욕구는 오늘날 우리 사회가 전통적 집단의 붕괴, 가족의 분산과 해체, 계속되는 도시화와 익명성, 이웃 간의 낯섦, 잦은 사회적 이동성이 심해질수록 더욱 심화되어 간다. 사랑에 대한 욕구는 사랑을 받는 것뿐 아니라 주는 것까지 포함한다. 사람은 사랑을 받고 포용되는 것을 통하여 자기가 가치 있다고 느끼며 사랑을 받지 못하는 경우에는 공허감, 무가치감, 적대감을 가진다.

라. **자존감 욕구** : 자존감 욕구에는 두 가지 유형이 있는데, 이는 자기에 대한 존중과 타인으로부터의 존경이다. 자기에 대한 존중이란 개인 스스로가 가치 있다고 생각하며 능력, 신뢰감, 개인적인 힘, 적합성, 성취, 독립, 자유 등의 개념을 가지는 것이다. 이러한 욕구들이 충족되면 사람들은 자기가치감, 확신감을 가지며 자신이 능력 있고 유용하며 중요한 사람이라고 느낀다. 반면에 자존감의 욕구를 충족하지 못하는 사람은 열등의식, 무력감, 나약함을 경험한다. 타인으로부터의 존경이란 수용, 주목, 평판, 인정을 포함하며, 타인들로부터 좋게 인식되고 평가받음으로써 자신이 가치 있는 사람이라고 느낀다. 매슬로우는 건전한 자존감이란 개인의 실제 능력을 근거로 타인들로부터 얻어낸 존경에 근거하고 있으며 타인으로부터 받는 존경보다는 자신에 대한 자존감이 더욱 중요하다고 하였다.

마. **자아실현 욕구** : 대부분의 사람들은 생리적 욕구, 안전 욕구, 소속과 사랑의 욕구, 자존감 욕구 등을 충족하기 위해서 많은 시간을 보낸다. 그러나 소수의 사람들은 4단계까지의 욕구에 머무르지 않고 자아실현 욕구를 충족하기 위해서 동기화된다. 매슬로우에 따르면, 인구의 1% 정도가 자아실현에 근접한다고 하였다. 그 이유는 자아실현을 위한 움직임은 자동적으로 발생하거나 쉽게 이루어지는 것이 아니기 때문이다. 특히 자아실현 욕구는 제일 위의 계층에 위치해 있기 때문에

본능적인 욕구의 힘이 제일 약하다고 할 수 있다. 또한 자아실현을 위해서는 자기인식이 필요한데, 자기를 안다는 것이 스스로에게 위협적일 수 있기 때문에 이를 두려워하는 경향이 있다. 자아실현은 사람들이 자기를 표현하고 탐색하는 것이 자유로운 환경일 때 가능하기 때문에 사람들은 타인과 함께 사는 환경에서 아무런 제한 없이 진리와 정의, 정직과 같은 가치들을 추구한다는 것이 쉽지가 않다.

자아실현이란 자아증진을 위한 개인의 갈망이며, 자신이 잠재력으로 지닌 것을 실현하려는 욕망이다. 자아실현을 한다는 것은 자기가 원하는 종류의 사람이 되는 것이며 자신의 잠재력을 최고로 발휘하는 것이다. 자아실현의 형태는 사람마다 다르며 개인차가 많이 난다. 인간의 잠재력을 실현하려는 충동은 자연스러운 것이지만 많은 사람들은 자신의 잠재력에 대해서 모르고 있거나, 자신의 능력을 의심하고 심지어는 두려워하는 경향이 있어서 자아를 실현하는 기회를 소멸시키고 있다. 잠재력을 발휘하기 위해서는 과거의 습관을 유지하려는 경향에서 벗어나서 새로운 경험을 위한 개방이 필요하다. 안전하고 따뜻하고 친절한 분위기에서 자란 아이들은 개인의 기본적인 욕구가 위협을 받지 않기 때문에 성장이 이루어지고 자신이 할 수 있는 최선에 도달하기 위해 노력한다. 아이로 하여금 자아실현을 성취하게 하려면 낮은 단계에 있는 욕구를 만족시킬 기회를 많이 제공해 줄 필요가 있다.

③ 자아실현자의 특성

- 현실지각이 정확하고 효율적이다.
- 자신, 다른 사람들, 자연, 세계를 있는 그대로 수용한다.
- 자신의 행동에 꾸밈이 없으며, 개방적이고 솔직하다.
- 자기 자신 이외의 문제에 대해서도 책임감이 있고 열중한다.

- 독립적이고 분리되어 있다.
- 사회적·물리적 환경에 자율적으로 기능한다.
- 반복적인 경험에 대해서도 계속적으로 감사함을 가진다.
- 절정감을 경험한다.
- 공동체적인 삶을 영위하면서 사회적 관심을 가진다.
- 심오한 대인관계를 가진다.
- 모든 사람들을 수용할 수 있는 민주적인 성격구조를 가진다.
- 수단과 목적 및 선과 악을 구별할 수 있다.
- 철학적인 유머감각을 가지고 있다.
- 창조성을 지니고 있다.
- 문화를 초월하여 내적인 초연함을 유지한다.

정리하기

- 매슬로우 자아실현이론
  인간은 근본적으로 선하여 환경조건이 적당하면 그들의 잠재능력을 실현해 나간다고 봄
- 매슬로우의 욕구단계이론
  - 기본 욕구와 성장 욕구로 구분됨
  - 생리적 욕구-안전 욕구-소속과 사랑의 욕구-자존감 욕구-자아실현 욕구 순으로 진행됨

3) 인본주의 이론의 사회복지실천 적용

(1) 인본주의 이론의 평가

① 로저스 현상학 이론의 평가

로저스 이론은 심리치료 및 상담영역에서 상당한 공헌을 하였다. 특히 클라이언트 중심치료는 정서적 장애를 가진 사람들의 치료에 유용한 것으로

평가되고 있다.

하지만 로저스 이론은 클라이언트의 말을 비판 없이 받아들이고 있으며 이는 자료의 신뢰도와 타당도를 떨어뜨리게 한다. 또한 로저스의 이론은 기본적인 인간본성에 대한 선한 측면을 너무 강조하여 인간의 약한 면과 부적응적인 인간에 대한 설명이 부족하다.

인간의 무의식이나 학습을 통한 인간행동의 발달을 무시하고 있어 이에 대한 보완이 필요하다. 또한 로저스 이론의 개념들은 대부분 모호하고 포괄적이어서 이해하는 데 어려움이 있다.

② 매슬로우 자아실현 이론의 평가

매슬로우의 자아실현 이론은 인본주의 이론의 기틀을 마련하는 데 크게 공헌하였으며 인간본성에 대한 낙관적인 태도로 인간행동연구의 새로운 장을 형성하였다는 평가를 받고 있다.

하지만 매슬로우의 이론도 개념이 모호하며, 자아실현의 욕구가 학습된 것이 아니라 선천적인 것으로 보기에는 어려움이 있다. 또한 인간행동에서 내적인 측면과 환경에 의한 영향을 무시하고 있으며, 개인마다 욕구의 우선순위가 다양하며 반드시 욕구의 단계가 순서적으로 일어난다고 볼 수는 없다는 것이다.

(2) 인본주의 이론이 사회복지실천에 미친 영향

사회복지실천의 가치관은 기본적으로 인본주의에 근거하고 있으며, 클라이언트 중심의 개입은 사회복지실천의 주된 원리이다. 인본주의 이론은 다른 이론들보다 더욱 융통성 있게 적용할 수 있으며, 클라이언트에 대해서 덜 결정론적이고 덜 판단적인 이해의 토대가 된다. 사회복지사들은 클라이언트가 자신의 개인적인 의미를 탐색할 수 있는 기술을 가지도록 원조한다.

① 인간중심 접근법(로저스)

인본주의의 인간중심 접근법은 개인이 독립성과 통합성을 달성하는 것으로 단순히 문제를 해결하는 것이 아니라 클라이언트의 성장과정을 도움으로써 현재와 미래의 문제를 극복하도록 돕는 것을 목표로 하고 있다.

이 접근법에 따르면, 클라이언트의 잠재력을 개발하기 위하여 사회복지사는 클라이언트와 평등한 관계를 맺는 것이 중요하다. 그리고 치료적 관계에서 진실성과 일치성을 가지고 비조작적 진실한 인간관계, 감정의 솔직한 표현과 공유를 하는 것이 중요하다.

따라서 무조건적인 긍정적 관심, 비소유적 온화함과 존중, 진실된 보호, 수용 등 감정 이입적 이해(공감)로 내담자의 감정을 인식하고 자신의 경험을 표현하는 것이 중요하다. 이때 사회복지사는 비지시적이고 비심판적이어야 하며, '여기 그리고 지금'에 초점을 두어야 한다. 또한 클라이언트의 어떤 조건에 따라서 진단하고 분류하기보다 모든 인간을 한 사람의 개인으로서 대우한다.

<표 3-7> 인간중심 접근방법의 원조관계

사회복지사	내담자
자유로운 환경에서 내담자의 가치 인정	자신감을 가짐
치료적 분위기 조성	현실 직시
내담자 자기탐색 증진	개방적 자기평가
진정한 관심, 긍정적 존경, 감정이입적 반응	성장을 위한 자유 경험
보호적 분위기 제공	새로운 자아개념 획득

정리하기

• 인본주의와 사회복지실천
  - 인간중심 이론/ 인간에 대한 신뢰성, 창조성, 자아 실현성 강조
  - 지금 현재의 행동에 초점
  - 신뢰와 존경의 분위기가 조성 → 긍정적 방향으로 성장하고 발달
  - 개인적 성장은 치료적 관계나 기타 관계를 통해 증진
  - 무조건적 긍정적 관심이 중요
• 인간중심 접근법

개인이 독립성과 통합성을 달성하여 단순히 문제를 해결하는 것이 아니라 클라이언트의 성장과정을 도움으로써 현재와 미래의 문제를 극복하도록 도움

제 4 장

사회체계의 이해

1 생태체계이론

2 가족, 집단, 조직

3 지역사회, 문화에 대한 이해

제 4 장

사회체계의 이해

1. 생태체계이론

1) 생태체계이론에 대한 이해

(1) 생태체계적 접근

사회복지는 '환경 속의 인간' 관점을 유지하며, 개인에게만 초점을 맞추거나 사회환경의 영향만을 분리하지 않고 양자 간의 상호작용을 중시한다. 생태체계이론은 사회복지실천현장에서 인간행동을 이해할 때 원인과 결과의 관계를 중시하는 단선적인 견해에서 벗어나 인간을 둘러싼 다양한 환경을 고려하고, 클라이언트의 상황을 다양한 체계의 수준에서 사정하고 설명하는 데 도움을 준다.

(2) 체계이론의 개요

체계는 상호 의존적이고 상호작용하는 각각의 부분들로 구성된 전체이며, 부분들 간의 관계를 맺고 있는 일련의 단위를 의미한다. 따라서 서로 관련을 맺고 상호작용하는 요소들의 집합이라고 할 수 있다.

체계이론이란 환경 속의 인간 행동을 이해하는 데에 있어 체계가 성장과 변화를 거쳐 안정성을 유지해 나가는 방법을 설명하는 이론으로, 인간을 비롯한 다양한 유기체가 환경 속에서 어떻게 역학적으로 평형상태를 유지하고 성장해 가는지를 다룬다. 인간을 통합된 하나의 체계로 보고, 신체적・심리적・사회적 부분은 분리된 것이 아니라 통합된 전체로 기능하는 것이라고 생각한다.

<표 4-1> 체계의 속성

속 성	주요 내용
조직화	체계를 구성하는 부분과 요소들은 서로 연결되어 관계하고 있다.
상호인과성	체계 한 부분에서 발생한 것은 직・간접적으로 다른 부분에 영향을 미친다.
항구성	체계는 지속적인 속성을 지니고 있다.
공간성	체계는 물리적인 공간을 차지하고 있으며, 이는 관찰 가능하다.
경 계	다른 체계와 구분할 수 있는 테두리를 가진다.

(3) 체계의 구조적 특성

체계의 구조적 특성이란 체계들 사이의 느리고 오랜 기간에 걸친 에너지의 흐름을 말하며, 정태적인 부분이다.

① 경계와 공유의 영역

경계(boundary)는 외부환경으로부터 대상체계를 구분하는 일종의 테두리를 말한다. 체계의 외부와 내부 혹은 한 체계와 다른 체계를 구분 짓는 구획으로 선 혹은 침투성을 지닌 테두리이다. 경계선은 체계 내부로의 에너지 흐름과 외부로의 에너지 유출을 규제하며, 명확한 경계가 바람직하다. 공유영역(interface)은 두 개의 체계가 함께 공유하는 곳으로 체계 간의 교류가 일어나는 곳을 말한다.

② 개방체계와 폐쇄체계

개방체계는 투과성이 있는 경계로서, 다른 체계와 에너지, 정보, 자원 따위를 상호교류 하는 체계를 말한다. 체계 내에서 정보와 자원을 자유롭게 교환하고 체계 자체 기능의 유지, 발전이 가능하다. 폐쇄체계는 다른 체계와 상호작용하지 않아 고립되어 있는 체계로 체계 내의 조직 구성 및 기능이 쇠퇴하게 된다.

③ 대상체계, 상위체계, 하위체계

대상체계는 분석 대상이 되는 체계이다. 상위체계는 대상체계 외부에 있으면서 그 체계에 기능적으로 영향을 미치는 사회단위의 체계이다. 하위체계는 2차적, 종속적 체계로 큰 체계 속에 있는 더 작은 체계이다.

정리하기

• 체계이론의 개요
  - 사회복지는 '환경 속의 인간' 관점 유지
  - 개인과 사회환경 간의 상호작용 중시 → 생태체계적 접근
  - 체계 : 서로 관련을 맺고 상호작용하는 요소들의 집합
• 체계의 속성
  조직화, 상호인과성, 항구성, 공간성, 경계
• 체계의 구조적 특성
  경계, 공유영역, 개방체계-폐쇄체계, 대상체계와 상위체계-하위체계

(4) 체계의 진화적 특성

체계의 진화적 특성은 체계의 느린 변화의 과정을 의미하며, 체계는 자연적으로 성장과 발전을 추구하면서 동시에 안정성을 유지하고자 한다. 즉, 체계는 항상 일정 부분 자신을 변화시키고 있을 뿐만 아니라 유지도 하고 있다. 이것이 바로 체계의 진화적 속성이다.

① 균형

균형은 외부와의 교류나 체계의 구조변화가 거의 없는 고정된 평형상태를 말한다. 균형은 새 에너지를 투입하지 않고 안녕을 유지하고자 하는 속

성이 있다. 이는 관료조직, 엘리트집단 등과 같은 폐쇄체계에서 주로 나타난다. 변화보다는 현상 유지를 가장 바람직한 상태로 여기면서 다른 조직이나 집단과 거의 교류를 하지 않는다.

② 항상성

항성성은 균형보다 일정한 수준의 개방된 체계를 전제로 한다. 이는 환경과 지속적으로 상호작용하면서 정적 균형보다 역동적 균형을 이루고 있는 상태를 말한다. 항상성의 기능은 체계의 안정을 줄 뿐만 아니라 외부의 정보를 적절히 통제함으로써 체계의 혼란과 무질서로부터 보호한다. 또한 미래에 대한 예측을 가능하게 함으로써 체계의 구성원들에게 안정과 편안함을 준다.

③ 안정상태

안정상태는 환경과의 교류, 환경에 적응하기 위해 체계의 구조를 변화시키는 상태를 말하며, 모든 사회체계의 기본 속성이라 할 수 있다. 이는 부분들 간의 관계를 유지하고 붕괴되지 않도록 에너지를 사용하는 상태로 개방체계에 존재한다. 균형이나 항상성에 비해 더욱 개방적이고 역동적이다. 즉, 항상성이 체계의 일관성을 유지하기 위해 일정한 범위 내에서만 변화하려는 데 비해, 안정상태는 체계 자체를 변화시키는 노력을 통해 외부자극을 받아들인다.

④ 호혜성

호혜성은 한 체계의 일부가 변화하면 그 변화가 모든 다른 부분들과 상호작용하여 나머지 부분도 변화한다는 개념이다. 이는 어떤 문제나 현상에 대해 한 가지 원인에 따라 결과가 분명한 단선적 인과성(linear causality)이 아니라 관련된 부분요소들 간의 쌍방적 교류과정에서의 원인과 결과를 해석하려는 순환적 인과성(circular causality)을 의미한다. 호혜성의 원리에 따라 체계 내부 부분들은 시간이 흐르면서 여러 가지 방식으로 상호작용하는데, 이와 관련된 개념이 다중종결성(multifinality)과 동등종결성(equifinality)이다. 다중종결성은 체계를 구성하는 요소들의 상호작용에 따라 유사한 조건이라도 각기 다른 결과를 초래하는 것을 말하며, 동등종결성은 서로 다른 조건이었지만 유사한 결과를 초래하는 것을 말한다.

⑤ 엔트로피(entropy)

엔트로피는 체계의 구성요소들 간의 상호작용이 감소함에 따라 유용한 에너지가 감소하는 상태를 말한다. 체계 내에 질서, 형태, 분화가 없는 무질서한 상태로 폐쇄체계의 특징과 관련이 있다. 한마디로 엔트로피는 무질서와 혼돈의 상태를 향해 나아가는 것이며, 체계 내에 유용하지 않은 에너지의 정도를 나타낸다. 예를 들어, 부부간 상호작용의 감소는 가족 내 질서 및 위계를 불안정하게 만들고, 부모-자녀 간의 경계도 불명확하게 만든다. 이러한 역기능적 행동의 증가가 엔트로피 상태인 것이다.

⑥ 넥엔트로피(negentropy)

넥엔트로피는 체계 내에 질서, 형태, 분화가 있는 상태이다. 체계 외부로부터 에너지가 유입되어 유용하지 않은 에너지가 감소한다. 넥엔트로피가 증가하면 체계 내의 질서와 법칙이 유지되며, 정보의 필요성이 높아진다. 예를 들어, 부부갈등으로 인해 가족 내 엔트로피가 증가한 경우, 부부가 외부 자원인 상담실을 통해 부부상담을 받고 관계가 회복되었다. 이는 외부 도움으로 가족 내 역기능적인 관계가 개선되고 가족 구성원 간 긴장이 감소되는 넥엔트로피 상태인 것이다.

⑦ 시너지(synergy)

시너지는 체계 내에 유용한 에너지가 증가하는 것을 말한다. 체계 구성요소들 사이에 상호작용이 증가하면서 나타나는 긍정적인 변화로 개방적이고 살아 있는 체계에 적합하다. 왜냐하면 개방체계는 에너지를 고갈시키지 않고 구성요소들의 상호작용을 촉진함으로써 계속해서 에너지를 만들어 내기 때문이다.

(5) 체계의 행동적 특성

① 투입–전환–산출의 과정

모든 체계는 투입–전환–산출이라는 교환과정을 통해서 환경과 교류한다. 투입은 환경으로부터 에너지와 정보를 받아들이는 것을 말한다. 즉, 에너지, 정보, 의사소통이 다른 체계에서 유입되는 것을 말한다. 전환은 체계가 적절하게 투입받은 에너지를 변형해 재조직하는 과정이다. 즉, 투입을 산출로 변환시키기 위해 체계가 가지고 있는 구조적 배열을 말한다. 산출은 투입한 자원을 전환과정을 통해 내놓은 결과물을 말한다.

피드백은 투입의 특수한 형태로 순환적인 사회체계의 특성을 보여주며, 체계의 작동을 점검하고 자신이 수행한 것에 대해 적응적인지를 판단하고 이를 수정해 나가는 과정이다.

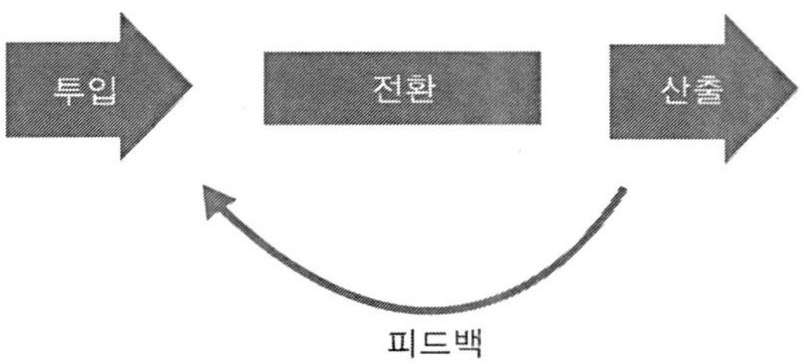

|그림 4-1| 투입–전환–산출의 과정

② 적합성

적합성은 인간의 적응욕구와 환경자원이 부합되는 정도로 전 생애에 걸쳐 성취된다. 적합성은 적응적이거나 부적응적으로 나타날 수 있다. 인간과 환경 사이의 상호교류에서 서로에게 유익한 효과를 가져올 때는 적합성이 이루어진 것이지만, 어느 한쪽의 희생을 기반으로 생존과 발달이 이루어진 경우에는 부적합성이 초래된 것으로 본다.

③ 적응

적응은 인간과 환경 사이의 활발한 상호작용으로 가능한 한 유익한 적합성을 이루기 위해 인간과 환경이 서로에게 영향을 미치고 반응하는 과정이다. 체계 안에서 인간은 자신의 욕구에 적합하도록 환경을 변화시키고 때로는 환경에 적응하기도 한다.

④ 스트레스

스트레스는 개인이 지각한 요구와 이러한 요구를 충족시킬 수 있는 자원을 활용하는 능력 사이의 불균형으로 발생하는 현상이다. 다시 말해서, 스트레스란 개인과 환경 사이의 상호 교류에서 나타나는 불균형에 의해 야기되는 생리적, 심리적, 사회적 상태라고 할 수 있다.

⑤ 대처기술

대처기술은 스트레스를 경험할 때 자연적으로 발생하게 되는 것으로 적응의 한 형태이다. 대처한다는 뜻은 한 개인이 문제를 극복하기 위해 노력하는 것을 말한다. 적응이 긍정적 또는 부정적인 새로운 조건에 모두 반응하는 것이라면, 대처는 부정적인 경험을 다루는 방법이다. 예를 들어, 부모의 갑작스러운 죽음이나 가장의 실직, 위협적인 상황, 갑자기 줄어든 수입에 대처하는 등 정서적 고통을 통제하기 위해서 개인이 수행하는 행동으로 대처의 과정에서 사용되는 기술이 바로 대처기술이다.

⑥ 유능성

유능성은 사람들의 생활문제를 완화시키는 또 다른 적응전략이다. 유능성이란 개인이 환경과 효과적으로 상호작용할 수 있는 능력으로 환경과의 성공적인 상호작용을 통하여 형성된다. 예를 들어, 유아는 울기, 붙잡기, 기어다니기, 걷기 등의 행동을 통해 환경과 적극적으로 교류한다. 그 과정에서 유아는 환경에 긍정적인 영향을 미칠 수 있다는 효능감과 힘을 경험하게 된다.

정리하기

- 체계의 진화적 특성
  균형, 항상성, 안정상태, 호혜성, 엔트로피-넥엔트로피, 시너지
- 체계의 행동적 특성
  투입-전환-산출, 피드백, 적합성, 적응, 스트레스, 대처기술, 유능성

2) 체계이론의 사회복지실천 적용

(1) 체계적 관점에서의 환경체계

환경체계는 개인을 둘러싸고 있는 네 가지 수준의 체계들 사이의 위계를 말한다.

① 미시체계

미시체계는 개인과 가장 인접한 수준(proximal level)의 환경을 말하며, 가족과 같은 직접적인 환경 내에서 이루어지는 활동, 역할, 대면적인 대인관계의 유형을 의미한다. 주로 집, 가족, 놀이터, 학교, 동아리, 또래 친구, 교회 친구, 이웃 등이 여기에 해당한다. 건강한 미시체계는 상호 호혜성에 기반을 두며, 미시체계가 효과적으로 기능하면 다른 체계에서도 성공할 기회가 많아진다.

② 중간체계

중간체계는 상호작용 중에 있는 여러 개의 미시체계를 말한다. 가정과 학교와의 관계, 학교와 직장 간의 관계 등과 같이 개인을 둘러싸고 있는 두 가

지 이상의 환경에서 일어나는 과정과 연결성을 의미한다. 개인이 새로운 환경으로 이동할 때마다 중간체계는 새롭게 형성되고 확대된다.

③ 외체계

외체계는 개인이 직접 참여하고 있지는 않지만 개인에게 영향을 주는 환경체계이다. 소집단보다 큰 체계이며 개인에게 미치는 환경요소를 의미한다. 예를 들어, 아동의 경우 부모의 직장의 조건, 형제가 속한 학급, 교육청 등이 외체계에 속한다. 개인은 상황에서 발생하는 사건들에 자주 영향을 받고 직장의 근무여건, 안전한 거주지, 탁아 서비스 등은 미시체계와 중간체계의 질에 상당한 영향을 미치게 된다.

④ 거시체계

거시체계는 문화, 정치, 사회, 법, 종교, 경제, 교육정책과 같은 사회적 맥락으로 간접적으로 영향력을 지니며 사회습관이나 유행으로 가치관을 만든다. 사회복지실천에서의 거시적 접근은 사회 전반을 개선하고 바꾸는 일에 참여하는 것을 의미하며, 개방적이고 살아 있는 체계에 적합하다.

(2) 각 체계의 상호작용

① 다중체계

모든 체계는 사회환경 내에서 상호작용을 한다. 미시체계는 사회환경 내에서 다양한 중범위 체계와 역동적으로 상호작용하며, 가출한 아이는 가족 전체에 영향을 미칠 수 있고 가족이 자신을 무시해서 그 아이가 가출을 결심한 것일 수도 있다. 개별 미시체계는 사회환경 속에서 상호작용하는 거시체계에게 지속적으로 많은 영향을 받는다.

사회환경에 미치는 사회적 힘의 영향력도 중요하다. 정치적, 경제적, 사상적 힘 등 인간의 행동을 이해하기 위해 사회환경 내의 다중적인 상호작용을 이해하여야 한다.

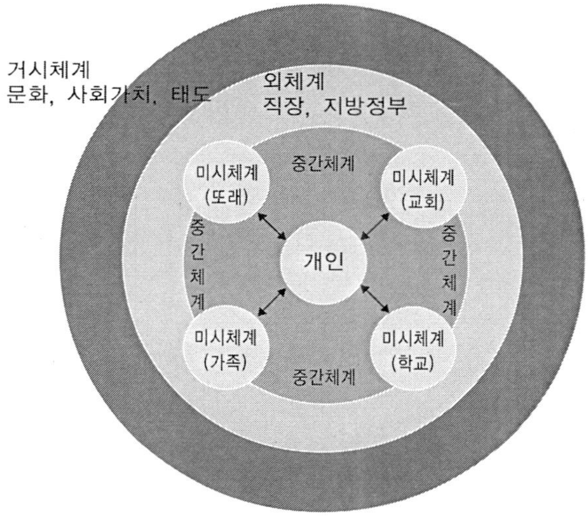

|그림 4-2| 각 체계의 상호작용

(3) 사회복지실천에의 적용

① 사회복지실천에의 기여

단선적 인과관계를 중요시하는 의료적 모델과 달리 다원론적 관점, 즉 환경과 인간 사이의 상호작용을 중시하게 된다. 문제에 대한 총체적인 이해(wholeness)를 가능하게 하고, 사정(assessment)도구로서의 유용성을 가진다. 대상이 국한되지 않아 다양한 실천모델의 활용이 가능하며, 문제를 총체성 속에서 이해하기 때문에 개입을 할 때에도 어느 한 부분에 치중하지 않고 전체 체계를 변화시키는 전략을 세우도록 돕는다.

② 사회복지실천에의 활용

체계이론은 변화매개체계, 클라이언트체계, 표적체계, 행동체계 등 4체계 모델의 활용에 도움을 준다. 뿐만 아니라, 생태도와 가계도의 활용, 사회관계망 또는 사회적 지지망의 활용에 도움을 주기도 한다.

정리하기

- 체계적 관점에서 환경체계
  미시체계, 중간체계, 외체계, 거시체계
- 각 체계의 상호작용
  - 미시체계는 사회환경 내에서 다양한 중범위 체계와 역동적으로 상호작용
  - 개별 미시체계는 사회환경 속에서 상호작용하는 거시체계에 지속적으로 많은 영향을 받음
  - 사회환경에 미치는 사회적 힘의 영향력도 중요
  - 인간의 행동을 이해하기 위해 사회환경 내의 다중적인 상호작용을 이해하여야 함
- 사회복지실천에의 적용
  - 환경과 인간 사이의 상호작용을 중시
  - 문제에 대한 총체적인 이해
  - 사정도구로서의 유용성을 가지며 다양한 실천모델의 활용 가능
  - 개입시 전체 체계를 변화시키는 전략 수립

2. 가족, 집단, 조직

1) 가 족

(1) 가족에 대한 이해

가족이란 사회를 구성하는 기본 단위로 혈연을 중심으로 한 집단으로 개인이 성장 발달하는 데에 가장 친밀하고 영향력 있는 사회환경을 말한다. 가족은 인간이 최초로 접하는 사회로서 인간의 성장과 발달에 매우 중요한 역할을 수행한다. 특히 인간의 생리적·정서적 욕구를 충족시켜 주는 안식처이다. 인간은 누구나 가족의 사랑과 보호를 받으면서 성장하고 가족을 통해 사회생활에 적응할 수 있는 능력을 배양한다. 또한 가족은 인간이 최초로 경험하는 사회로서 생활규범을 배우고 문화를 익히는 사회제도이다.

① 가족의 기능

가족은 구성원들을 위해서나 더 큰 사회를 위해서 다양한 기능을 수행한다. 첫째, 보호와 애정의 기능을 한다. 가족은 구성원의 생명이나 재산을 보호하고 가족 구성원 모두의 안전과 복지를 제공하는 기능을 수행한다. 둘째, 경제적 기능을 한다. 가족은 경제의 기본 단위로서 생산활동과 소비활동을 동시에 수행하고 있으며, 경제활동을 통해서 구성원의 생계를 유지하고 재산을 소유한다. 셋째, 자녀 양육과 사회화의 기능을 한다. 가족은 자녀가 독립적이고 책임감 있는 성인으로 성장할 수 있도록 양육하며, 자녀가 사회에 잘 적응하면서 인간답게 살아갈 수 있도록 하는 데 기여하는 각종 기술을 습득할 수 있게 한다. 넷째, 가족 구성원에게 지위와 사회적 역할을 부여한다. 가족은 사회생활에 필요한 기술을 익히는 일차집단으로 각자의 지위와 역할에 맞는 일을 부여하고 문화를 학습시켜 사회생활에 적응할 수 있도록 한다.

② 가족의 변화

가족의 규모가 축소되고 있으며, 가족의 형태도 변화하고 있다. 부모와 자녀라는 2세대 가족이 보편화되었으며, 혼자 사는 1세대 가족이 증가하고 있다. 뿐만 아니라, 노인 단독가구, 소년소녀가정, 한부모가족, 여성가구주가정, 맞벌이가정, 다문화가족 등 다양한 형태의 가족구조가 나타났다.

가족 관계는 과거 가부장적인 가족 관계에서 민주적이고 대등한 부부관계, 부부 의논형 관계로 변화하였다. 그리고 가족기능에서 소비기능이 강화되고 있고, 기존의 부양기능 및 출산기능은 약화되고 있다.

③ 가족문제

경제적 부양부담 증가, 신체적 보호기능 약화, 정서적 기능 약화, 결손가정의 증가, 다문화가족의 문제 등 다양한 가족 문제가 발생하고 있고, 문제가 발생하는 원인과 개입 방안에 대해 체계론적 시각에서 분석하고 접근하는 지식과 기술을 가져야 한다.

(2) 체계로서의 가족

가족은 사회를 형성하는 구성요소로 가족 구성원에게 정서적 안정과 지원을 제공한다. 가족의 모든 구성원은 서로 영향을 미치고 있으며, 구성원 각자와 전체 가족은 다른 환경체계의 영향을 받는다. 이러한 가족체계는 집단, 조직, 지역사회 등과 같은 상위체계와 상호작용하며 서로 영향을 주고 받으며 유지하고 발전해 나간다.

체계로서의 가족은 가족 구성원들로 이루어진 하위체계(subsystem)가 존재하며, 개인은 '가족의 문제를 표출하는 사람'으로 한 부분의 변화는 가족체계 전체의 변화를 초래한다. 가족은 각 구성원들의 특성을 합한 것 이상의 특성을 지니며, 이를 비총합성이라고 한다. 그리고 가족은 순환적으로 상호 작용하며, 순환적 인과성을 지닌다.

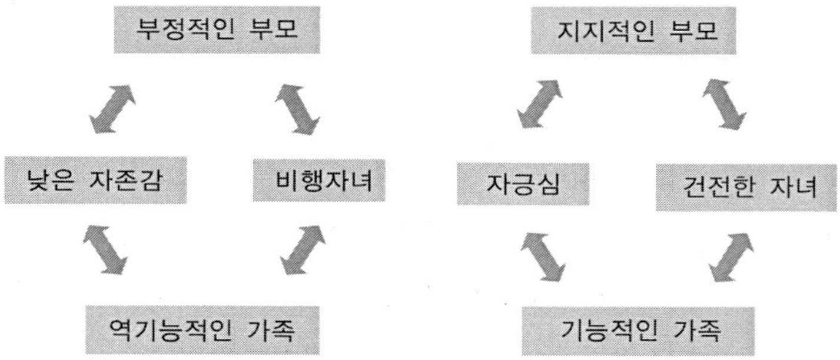

|그림 4-3| 순환적 인과성(circular causality)

① 기능적 혹은 역기능적 가족체계

기능적 가족체계는 지속적인 발달의 기회를 제공하고, 가족 내 사회학습은 가족 외부에서 이루어지는 사회적응에 결정적인 역할을 한다. 역기능적인 가족체계는 잠재능력을 저해하고 심각한 가족문제로 이어진다. 즉, 가족 전체가 어느 한 구성원이 희생하는 것을 묵과하는 경우, 아이들이 부모의 갈등표출의 대상이 되는 경우, 자신의 역할을 회피하기 위해 다른 구성원을 갈등 상황으로 끌어들이는 경우, 자신의 욕구충족을 위해 다른 구성원을 도구로 이용하는 경우 등이 바로 역기능적인 가족의 모습이다.

정리하기

- 가족에 대한 이해
  - 가족체계 : 가족 구성원들로 이루어진 체계
  - 개인의 문제는 가족 전체의 역기능으로 나타나는 가족의 문제로 한 부분의 변화는 가족체계 전체의 변화를 초래
- 우리나라 가족의 변화
  가족규모 축소, 가족형태 변화, 가족관계의 변화, 가족기능 변화
- 체계로서의 가족
  기능적·역기능적 가족체계, 항상성, 가족 규칙, 가족 신화, 순환론적 인과성, 비총합성 등

2) 집 단

(1) 집단에 대한 이해

① 집단이란

집단이란 서로 관련이 있는 사람들의 집합으로 집단의식과 공동 목적을 갖는 2인 이상의 집합체를 말한다. 집단은 상호의존과 의사소통을 통하여 상호작용하고 단일한 행동을 하며 가족 다음으로 개인의 성장과 발달에 영향을 미친다.

② 집단의 특징

집단은 단순히 다수의 개인들이 모여서 만들어진 모임이기보다는 일정한 목적을 가지고 움직이는 체계이다. 이러한 집단의 특성을 정리해 보면 다음

과 같다(Norlin & Chess, 1997 : 228-229).

첫째, 일정한 구성원을 갖는다. 집단의 최소 단위는 2인 이상이고, 전체의 크기는 작다고 할 수 있다. 이러한 집단의 크기는 구성원 상호 간의 상호작용으로 제한을 받는다. 상호작용이 이루어지지 않을 정도로 규모가 큰 경우에는 더 이상 집단이라고 말할 수 없다.

둘째, 공통된 목적이 존재한다. 집단에는 구성원들이 함께 공유하고, 실제로 달성할 수 있는 목적이 있어야 한다.

셋째, 정체성을 갖는다. 모든 구성원은 전체로서의 집단에 대한 정체성을 갖는데, 이는 다양한 집단활동을 통해 형성되는 '우리 의식'이라 할 수 있다.

넷째, 개인의 행동에 영향을 끼친다. 집단은 구성원들에게 사회통제의 기능뿐만 아니라 중요한 사회화의 기능을 수행한다. 즉, 각 집단은 독특한 하위문화를 형성하는데, 이것은 구성원들의 집단 관련 행동에 영향을 미치는 규범이 된다. 집단 규범이 형성되면 이 규범은 구성원 각자의 자아인식으로 내면화된다.

다섯째, 정서적 맥락에서 상호작용이 이루어진다. 집단 내 상호작용은 구성원들의 내적 혹은 자연적인 상태를 기반으로 한다. 이러한 의미에서 집단 관련 활동들은 일차적으로 이성적이기보다 감정적이다.

여섯째, 집단 참여에는 한계가 있다. 한 개인이 가족 이외의 다양한 집단에 참여하는 것은 일정한 관심과 흥미에 기초하여 자발적으로 결정된다. 그리고 각 집단은 구성원들에게 상호작용을 요구하고, 이는 결과적으로 구성원들의 힘과 에너지가 필요하다. 따라서 자연적으로 한 개인이 집단에 참여하는 정도와 수는 제한적이기 마련이다.

③ 집단의 유형

가. 1차 집단

1차 집단은 어떤 특정한 목적이 없으면서 혈연과 지연을 바탕으로 자연발생적으로 이루어진 집단을 말한다. 직접적인 상호작용 그 자체가 집단의 목적으로 정서적이고 감정적인 인간관계를 가진다. 가족, 친구, 친척, 이웃, 동료, 또래집단 등이 있다.

나. 2차 집단

2차 집단은 어떤 특정한 목적을 달성하기 위해 인위적으로 구성된 집단이다. 특정한 목적 달성을 위해 구성원들 간에 상호작용하며, 수단적이고 합리적인 인간관계를 가진다. 따라서 구성원들 각자의 역할을 중요시하고 구성원들의 능률이나 효율성을 강조한다. 사회, 직장, 군대 등과 같이 어떤 목적을 달성하기 위해 인위적 계약에 의해 발생한다.

다. 개방 집단과 폐쇄 집단

구성원의 가입과 탈퇴 여부에 따라 구분되며, 개방 집단은 가입과 탈퇴가 자유로운 반면 폐쇄 집단은 가입과 탈퇴가 자유롭지 못하다.

라. 성장 집단

성장 집단은 집단활동을 통해서 개인의 잠재력을 개발하여 사회적 기능을 향상시키기 위해서 구성된 집단이다. 치료보다 자기 인식을 증진시키고 심리사회적 건강을 증진하는 데 초점을 둔다. 예를 들어, 퇴직준비집단, 부부를 위한 참만남 집단 등이 있다.

마. 치료 집단

치료 집단은 집단활동을 통해 개인의 행동을 수정하거나 심리적·사회적 문제를 해결하기 위해 구성된 집단이다. 따라서 행동변화, 문제 개선, 기능 회복을 원조하는 집단으로 자기노출의 정도가 높은 편이다. 예를 들어, 심리치료를 받는 정신과환자 집단, 금연집단, 보호관찰처분 청소년집단 등이 있다.

④ 집단의 역동성

집단은 구성원들의 상호작용을 통해서 구성원들 각자에게는 물론 집단 전체에 영향을 미치게 되며, 이러한 상호작용에 의해 집단변화에 미치는 힘을 집단의 역동성이라 한다. 집단은 구성원의 동기, 태도, 행위 등에 영향을 미친다. 집단으로 과업을 수행할 때 개인의 동기는 강화되고 태도와 행동 변화도 용이하다. 체계로서 집단이 인간행동에 미치는 영향은 집단의 역동성으로 나타난다.

⑤ 집단의 치료적 요인

가. 희망의 주입

사람들이 집단을 통해 자신에게 변화가 일어날 것이라는 희망을 가지는 것은 모든 집단 상담치료에서 매우 중요하다. 집단원이 자신의 성장 및 변화를 위해서 집단에 참여하기로 결정하고 신뢰를 갖게 되면, 그 자체로서 치료적 효과를 얻을 수 있다. 따라서 집단에 참여하는 것만으로도 집단의 다른 구성원으로부터 희망을 주입받는다.

나. 보편화

다른 사람과 비슷한 환경이나 문제를 가지고 있다는 것을 알게 되면서 수치심이나 무가치한 느낌을 줄여주고, 자존심을 증가시키며, 스스로 받아들이도록 도와준다. 보편화는 다른 구성원들이 나와 유사한 문제와 감정을 가지고 있다는 것을 자각할 때 발생한다. 우리는 모두 한 배를 탔다는 자각으로 클라이언트의 유일감은 감소하며, 외로움을 덜 느끼게 된다. 다시 말해 자신만의 문제, 생각, 감정, 행동, 상황들이라고 생각했던 것들이 집단에서 서로 자신의 고민과 생각을 내어놓고 이야기함으로써 다른 사람들도 나와 유사한 생각과 고민을 가지고 있음을 알게 된다.

다. 수용

사람들은 자신의 감정이나 생각들이 다른 집단의 구성원들에게 수용되면, 집단성원 간에 서로 강한 감정을 표현하고 긴밀한 상호유대감을 발전시키며 집단응집력이 발달하도록 촉진하기도 한다. 따라서 집단에서 자신의 경험을 언급할 때, 집단 구성원들에 의해 수용된다는 느낌, 어떠한 말이나 행동에 대해 무조건적으로 수용, 지지된다는 느낌을 받을 때 정서적 변화가 생기게 된다.

라. 모방행동

집단의 구성원들은 자신과 유사한 문제를 가진 다른 사람들을 관찰함으로써 도움을 얻는다. 적극적인 역할모형은 자신의 느낌을 표현하는 데 어려움을 가진 집단 구성원은 좀 더 주장적인 다른 집단 구성원을 관찰하면서 모방하게 된다.

마. 자기이해

자기 자신에 대한 통찰을 의미한다. 자신에 대해 이전에 알지 못했거나 받아들이지 못했던 부분을 발견하고 다른 집단 구성원들과 인상, 느낌, 경험들을 나누면서 일어나는 상호학습을 통해 자기를 이해한다.

바. 이타주의

자신이 다른 사람에게 행하는 원조 때문에 자아존중감이 향상되고, 필요하고 유용한 존재라는 감정을 느낄 때 자신의 가치 발견, 이미지 고양, 자신의 문제에서 벗어날 수 있다. 다시 말해 집단에서 구성원들에게 도움을 주고 있는 자신을 발견하게 되고, 남에게 도움을 주는 경험은 개인의 자긍심을 높여주고, 스스로 어려운 환경을 극복할 수 있는 힘을 길러준다.

⑥ 사회체계로서의 집단

집단은 상호작용하는 구성원들로 이루어지며 그 구성원 간의 상호작용은 개별 구성원뿐만 아니라 집단 전체에도 영향을 미치게 된다. 즉, 집단의 구성원은 집단활동을 통해서 자신을 이해하고 자신의 성장과 발전을 도모한다.

또한 집단은 다른 집단에 의해 영향을 받으며 지역사회나 국가의 기대, 가치관, 문화에 의해 영향을 받는다.

3) 조 직

(1) 조직에 대한 이해

① 조직이란

조직이란 두 명 이상의 인간이 모여 같은 목표를 달성하고자 어떤 일을 하여 성과나 업적을 이루는 것을 말한다. 즉, 특정한 목적을 달성하기 위해 의도적으로 설립한 체계이다. 사회적인 실체로 목표지향적이며, 계획된 구조와 통합적인 활동체계로 구성되어 있다. 목표의 달성이 가장 중요한 욕구이다.

조직의 네 가지 요소
사회적 실체, 목표지향적, 구조화되고 통합적인 활동체계, 외부환경과의 연관성

② 조직체계

조직은 조직 구성원에 의해 형성되는 일정한 형식이 있다. 조직을 구성하는 조직성원 각자에게 지위와 역할을 부여함으로써 조직이 구축된다. 이는 조직의 목표를 달성하는 데 큰 힘을 발휘할 수 있으며, 외부로부터 조직으로 인정받는 데 중요한 역할을 한다.

③ 조직규율

조직규율은 조직의 목적을 달성하고 조직체계를 유지하기 위해 조직 구성원들이 지켜야 할 규칙을 말한다. 조직규율은 조직 구성원이 수행해야 할 의무, 역할, 권리, 조직의 운영방식 등을 명시함으로써 조직이 추구하는 목적을 달성하고 기능을 원활하게 한다.

④ 조직문화

조직문화는 "한 조직의 구성원을 다른 조직의 구성원과 달라지게 만드는 집합적 정신 프로그램"이라고 정의할 수 있다(Hofstede, 1996 : 261). 이 같은 정의는 조직문화가 철저히 조직을 구성하는 구성원 각자의 공통된 문화에 근거할 뿐만 아니라 조직 구성원의 생각, 느낌, 행동이 단선으로 진행되는 것이 아니고 컴퓨터의 프로그램처럼 연계되어 이루어진다는 데 중점을 두고 있다.

⑤ 조직의 특성

조직에 대한 특성은 보는 이의 시각에 따라 달라질 수 있기 때문에 사회복지실천과 관련하여 정리해 보면 다음과 같다.

첫째, 조직은 특정한 목적이 있다. 목적을 수반하지 않는 조직의 활동이나 기능은 찾아보기 어렵다. 조직은 오로지 특정 목적을 실현하기 위해 설립된 것이고, 목적을 실현하는 그 자체가 조직의 존재 이유가 된다.

둘째, 조직은 일정한 규범이 있다. 조직의 규범은 구성원들의 행동을 통제하고 구성원들에게 조직에 필요한 지위와 역할을 부여함으로써 권한을 보장한다. 또한 조직의 규범은 조직을 운영하고 유지하는 데 중요한 수단이 된다.

셋째, 조직의 운영과 유지를 위해 외부로부터 합당한 투입이 있어야 한다. 투입과 함께 조직은 내·외부적으로 권력 배분, 적응, 변화, 결속, 정체

부여 등의 기능을 한다. 조직은 구성원들에게 필요한 정보를 제공하여 복잡한 사회에 적응을 도모하고, 사회변화를 유인하고 조직 간 갈등 결과를 최소화하고 사회를 결합하며, 타인과의 관계를 심층적, 지속적, 전인격적으로 유지한다.

넷째, 권위 수준이 다양한 조직은 권위 수준을 계급화한다. 이 위계구조가 조직 내의 협동적 노력을 강화하고 조직 내의 움직임을 통제하며 효율을 올리기 위한 제반 조치를 강구한다.

다섯째, 독립조직은 상위조직, 하위조직에 의존한다. 상하체계가 있는 조직은 서로 영향을 주고받으면서 서로에게 의지한다.

여섯째, 조직은 그 조직에 맞는 독특한 문화가 있다. 조직의 문화는 조직 구성원의 공통된 문화이기도 하다. 조직 구성원들의 성, 양육과정, 나이, 직업, 경험 등에 의해 만들어지면 조직 고유의 성향을 지향한다.

⑥ 조직의 유형

가. 사회적 기능에 따른 조직

파슨스(Parsons, 1960)는 조직이 사회적 필요성을 충족시키기 위해서 어떠한 기능을 수행하는가에 따라 조직을 구분하였다. 여기서 말하는 사회적 필요성은 환경의 문제를 해결하는 활동과 같은 적응, 사회적 목표 달성, 사회적 통합 및 사회의 문화형태를 전승하는 것과 같은 형태유지를 말한다.

첫째, 경제 조직으로 생산 활동을 하는 산업체를 말하며, 기업체가 대표적이다.

둘째, 정치 조직으로 사회의 목적을 달성하는 조직을 말하며, 정당, 국회 등이 있다.

셋째, 통제 조직으로 사회의 안정을 질서 유지를 담당한다. 사법기관, 경찰, 군대 등이 대표적이다.

넷째, 잠재적 형태 유지조직으로 사회화를 담당한다. 학교, 교회 등이 있다.

나. 통제 형식에 따른 조직

에치오니(Etzioni, 1961)는 조직을 상위자가 어떤 방법으로 하위자를 통제하며, 하위자는 그 통제에 대해 어떤 태도를 보이는가에 따라 분류하였다.

첫째, 강제적 조직으로 조직 구성원의 의사와 상관없이 조직의 목적을 달성하기 위해 강제적으로 통제하는 조직이다. 대부분의 조직 구성원들은 높은 소외감을 느끼며, 행동에 제약을 받는다. 교도소, 군대 등이 있다.

둘째, 공리적 조직으로 조직 구성원들이 실리적인 목적을 위해서 소속된다. 보수를 주된 통제의 수단으로 활용한다. 대부분의 조직 구성원들은 자신의 이익을 위해서 조직에 가입하기 때문에 타산적인 성향을 지닌다. 회사, 경제단체 등이 있다.

셋째, 규범적 조직으로 자발적인 의지에 의해 소속되며, 규범이 주된 통제수단이다. 대부분의 조직 구성원들은 조직에 대해 높은 귀속감을 가지며, 구성원들이 가입과 탈퇴를 자유롭게 할 수 있다. 종교단체, 정당, 자원봉사단체 등이 있다.

⑦ 집단과 조직

가. 유사점

집단과 조직은 인간에 의한 집합체로 특정 목표와 문화를 지닌다. 집단의 목표가 뚜렷하고 집단의 구성원들 간에 결속력과 집단역동이 강한 소집단과 조직은 유사하다. 이 같은 소집단은 집단의 구성원들 간의 결속력과 책임의식, 집단 내 자유로운 의사소통, 집단의 기능을 평가하는 능력과 의지의 존재 등과 같은 특성을 지니기 때문에 조직과 다르지 않다.

나. 차이점

- 조직은 집단보다 공식적인 상호작용을 한다.
- 조직은 집단보다 강한 결속력과 지도력이 있다.

- 조직은 집단보다 공식적이고 위계적인 구조를 지닌다.
- 집단은 조직보다 대면적인 상호작용을 한다.

⑧ 사회체계로 본 조직

조직은 개인들로 구성된 하나의 사회체계이다. 조직 구성원인 개인은 조직과의 상호작용을 통해서 다른 구성원뿐만 아니라 전체 조직에 영향을 미치며, 조직은 또한 구성원 각자의 행동에 영향을 미친다. 따라서 조직의 각 부분은 전체에 일정한 기여를 하고 있으며, 동시에 전체로부터 지속적으로 영향을 받는다.

체계로서 조직이 존속하기 위해서는 만족해야 하는 특정 요구가 있는데, 조직은 끊임없이 그 요구를 충족시키려고 한다. 체계로서 조직은 스스로 행할 수 있는 능력이 있으며, 동시에 조직 구성원이 개별적으로 행동할 수 있는 능력도 있다.

정리하기

- 집단에 대한 이해
  - 집단 : 집단의식과 공동 목적을 갖는 2인 이상의 집합체
  - 가족 다음으로 개인의 성장과 발달에 영향을 미침
  - 집단의 유형 : 1차 집단, 2차 집단, 개방집단, 폐쇄집단, 성장집단, 치료집단
- 체계로서의 집단
  - 체계로서 집단이 인간행동에 미치는 영향은 집단의 역동성으로 나타남
  - 집단 체계는 구성원 개인의 동기, 태도 행위 등에 영향을 미침
  - 집단으로 과업을 수행할 때 개인의 동기는 강화되고 태도와 행동 변화도 용이함
- 조직에 대한 이해
  - 조직의 특징: 특정한 목적, 일정한 규범, 외부로부터 투입, 권위수준을 계급화, 조직체계 존재, 독특한 문화
  - 조직의 유형은 사회적 기능에 따라, 통제 형식에 따른 조직에 따라 분류될 수 있음

• 체계로서의 조직
  - 공통점 : 인간의 집합체로 특정한 목표와 문화를 지님
  - 차이점 : 조직은 집단보다 공식적인 상호작용과 강한 결속력, 공식적이고 위계적인 구조를 보임. 집단은 조직보다 대면적인 상호작용을 함

3. 지역사회, 문화에 대한 이해

1) 지역사회

지역사회는 지리적 조건에 의해 형성된 공동체로서, 물리적 공간, 정치·경제활동, 지역공동의식, 문화 등을 공유하면서 살아가는 장소이다.

(1) 지역사회의 주요 개념

① 지역사회의 욕구

개인처럼 모든 지역사회는 욕구를 가진다. 개인이 스스로 안정을 유지하기 위해 욕구를 지니듯 지역사회 역시 안정 상태를 유지하기 위해 욕구를 가진다. 이는 지역사회가 상호작용하는 주민의 결합체로 존재하기 때문이다. 따라서 지역사회 전체 혹은 대부분 지역사회 주민 공동으로 지니는 욕구이다.

② 지역사회의 문제

지역사회가 당면하고 있는 문제로서 이 문제가 해결되지 않으면 건강한 지역사회는 존재할 수 없다. 이 문제는 지역사회가 지니는 욕구를 적절한 시기에 합당한 방법으로 대처하지 못하면 발생한다. 이러한 문제는 결국 지역사회 주민들이 분담하여 겪게 되기 때문에 지역사회의 문제도 욕구와 마찬가지로 지역주민에 의해 수렴된 공동의 문제이다.

③ 지역사회의 목표

지역사회 목표는 지역주민들이 공동으로 지니는 목표를 의미한다. 개인이 궁극적으로 자아실현과 같은 인생목표를 가지듯 지역사회도 '살기 좋은 지역사회'라는 궁극적이면서 포괄적인 목표를 지닌다. 구체적인 지역사회 목표는 그 지역사회의 지리적 여건, 문화와 역사적 특성, 지역사회 자원현황, 경제적 여건 등을 토대로 만들어진다.

④ 지역사회의 자원

지역사회 자원은 지역사회의 목표를 달성하기 위해 구체적으로 실천할 수 있는 제반 능력 및 지원체계이다. 지역사회의 다양한 인적·물적 자원을 말하며, 자원에는 해당 지역사회 내에 대체로 개인, 조직, 기관 따위에 의한 물품, 현금, 시설 따위와 같은 눈에 보이는 자원과 심리적 지지와 같은 눈에 보이지 않는 자원이 있다. 지역사회 자원이 열악하여 필요한 자원이 절대적으로 부족할 경우 인근 지역의 자원을 활용하기도 한다.

⑤ 지역사회의 문화

지역사회는 지리, 역사, 정치, 경제적 맥락에서의 고유한 특성을 지닌다. 지역사회가 위치하고 있는 자연환경과 주변 여건, 지역사회가 겪어 온 시대적 상황, 지역사회와 지방·중앙정부와의 관계성, 지역사회의 빈부 정도에 의해 그 지역사회는 독특한 성향을 지닌다. 따라서 지역사회의 문화는 지역사회 주민의 공통된 특성이나 성향을 말한다.

(2) 지역사회의 특성

① 역동성

지역사회의 역동성은 지역사회의 구성요소들이 서로 다양한 수준과 방법으로 영향을 주고받는 것을 의미한다. 지역사회를 구성하고 있는 지리적 공간, 생활공간, 주민, 조직, 상호작용 등 지역사회가 추구하는 목표를 달성하기 위해 움직이는 상태를 의미한다.

② 변화성

정지되어 있거나 변화가 없는 지역사회는 존재하지 않는다. 지역사회는 끊임없이 변화한다. 지역사회는 주민들의 제반 상황이 변화하면서 지역사회가 처해 있는 형편에 의해 긍정적이거나 부정적으로 변화한다. 예를 들어, 도시의 낙후된 변두리 지역사회가 도시재생이나 재개발을 통해 사람이 모여들고 활력이 돋는 지역으로 변화하게 된다.

③ 서비스 요구성

모든 지역사회는 나름대로 욕구나 문제를 가지기 때문에 적당한 시기에 욕구나 문제 상황에 걸맞은 도움을 받으려 한다. 외형적으로는 어려움이 없어 보이는 안정된 지역사회라 할지라도 현재의 수준에서 더욱 향상된 상태를 위해 도움의 필요성은 잠재되어 있다. 이 잠재적 요구성은 지역사회를 쉬지 않고 변화하게 한다.

④ 변화능력

지역사회의 형성과 변화과정을 인간이 주도하기 때문에 인간의 변화능력을 인정한다면 지역사회 역시 스스로 변화할 능력을 지니고 있다고 보아야 한다. 특히 지역사회는 그 나름대로 여러 유형과 수준의 자원을 가지고 있다.

⑤ 다양성

인간의 개별성과 독특성을 인정하는 측면에서 지역사회의 다양성이 강조된다. 특히 모든 지역사회는 그 구성요소의 특성이 달라 다양한 유형으로 존재한다. 지리적 여건에 따라 도시와 농촌, 생성시기에 따라 신시가지와 구시가지 등으로 구분되기도 한다.

⑥ 시민의 변화를 위한 최적 단위

지역사회는 시민들의 변화를 위한 개입활동이 이루어지기 가장 적합한 규모이다. 사회복지실천뿐만 아니라 좋은 사회를 만들기 위해서 먼저 주민들의 성숙함과 변화를 강조한다. 주민들의 변화는 지역사회 단위로 이루어지는 것이 바람직하며, 효과적이고 효율적으로 개입하기에 그 규모가 가장 적절하다.

(3) 체계로서의 지역사회

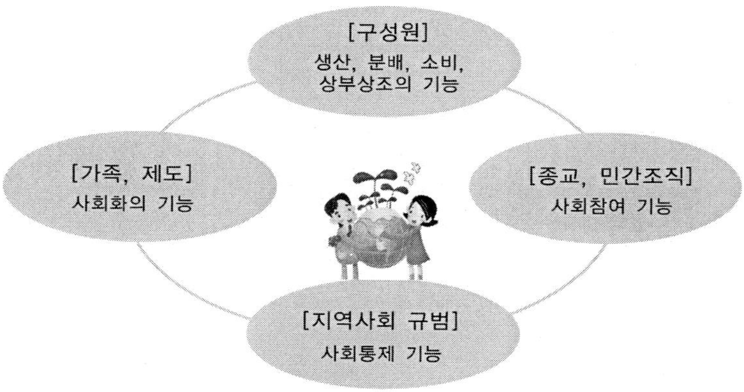

|그림 4-4| 지역사회의 하위체계 기능

물리적 혹은 지리적 장소에 근거한 사회적인 조직형태로 지역공동체의 최상의 목적은 지역공동체 구성원들의 삶의 질을 향상하는 것으로서 같은 지역에 살거나 동일시된 사람들에 초점을 둔다.

공통의 욕구, 공통 문제, 성장과 발전을 위한 기회가 있을 때 상호 의존하며, 개인을 사회에 그리고 사회를 개인에게 연결하는 중간 단계이다. 지역사회는 전체 사회의 하위 체계이다.

2) 문화체계

(1) 문화의 개념

① 문화

문화란 인간집단의 생활양식으로 지식, 신앙, 예술, 도덕, 법률, 관습을 비롯하여 사회 구성원으로서 인간이 획득한 모든 능력과 습성의 복합적인 총체이다.

문화는 개인의 사회화, 욕구 충족, 사회 존속의 기능을 수행하며, 전체 사회 속에 존재하는 개인, 집단, 조직 및 지역사회에 영향을 미치는 거시체계로서, 세대 간에 전승되면서 사회의 모든 구성원들에게 영향을 미친다.

(2) 문화체계의 특성

문화는 후천적으로 인간이 창조한 것으로 사회 구성원들 간에 공유되고, 사회 속에서 성장, 습득된 것이다. 세대 간에 전승되고, 문화의 각 부분은 상호 연관이 있으며 하나의 체계로 구성되어 있다. 그리고 일정한 유형을 가지고 문화는 변화한다. 따라서 문화는 초개인적이고, 상대적이며, 보편적이다.

<표 4-2> 문화체계의 특성

특 성	주요 내용
학습성	문화는 후천적인 학습에 의해 습득됨
보편성	모든 사회에 공통적인 문화형태가 존재함
상징성	문화는 외형으로 드러나는 것 이외에 속으로 품고 있음
역동성	문화 간 움직임이 매우 강하게 이루어지고 있음
다양성	인간사회의 문화형태가 매우 다양한 형태와 차이를 보임

(3) 체계로서의 문화

① 문화체계

문화는 전체 사회 속에 존재하는 개인, 가족, 집단, 조직, 지역사회를 이해하는 중요한 환경 체계로서 인간의 의식과 삶 속에 내재되어 있기 때문에 개인의 행동을 결정하는 중요한 거시체계이다. 세대 간에 전승되면서 직접적·간접적으로 사회의 모든 성원들에게 영향을 미친다.

② 문화의 경계

다른 문화와 접했을 때 문화의 경계선 확인이 가능하다. 문화 간의 경계는 사회 간 또는 지역 및 계층 간의 경계유지 행동에서 드러난다. 개방적인 경계는 서로 다른 문화를 이해하고, 수용하며, 인정한다.

③ 문화의 상·하위체계

문화의 상위체계는 문화가 속한 전체사회를 의미한다. 문화는 사회의 생활방식으로서 인간의 행동에 영향을 미치는 상위체계이다. 인간은 특정한 사회 속에서 태어나 그 사회가 가지고 있는 문화를 배우면서 사회의 구성원으로 사회화되며, 사회의 문화에 영향을 미친다.

문화의 하위체계는 한 사회 속에서 공존하며, 사회 내의 특별한 생활양식, 언어, 가치체계, 행동양식 등을 발전시키고, 사회의 문화적 내용을 이루어 다양한 집단에 영향을 미친다.

④ 문화는 개인의 성격에 영향을 미침

개인은 자신이 속한 문화에 의해서 생각하고, 느끼며, 어떻게 행동할지를 결정한다. 문화는 개인의 국민성과 성격형성에 미치는 과정(자녀양육방식, 사회화, 교육 등)이며, 적응적 성격은 문화적으로 기대되고 있는 기준에 따라 본능적인 욕구를 충족시키는 것이다.

정리하기

- 지역사회에 대한 이해
  지역사회는 다양한 욕구나 문제를 가지고 있으며 일정한 규모의 지리적 공간 안에서 지역사회주민의 상호작용이 활발하게 이루어지고 지역사회 욕구나 문제를 해결하기 위해 사회복지실천이 가능한 일정 규모의 장
- 지역사회 특성
  역동성, 변화성, 서비스 요구성, 변화능력, 다양성, 시민의 변화를 위한 최적 단위
- 체계로서의 지역사회
  사회적인 조직형태, 지역공동체 주민들에 초점, 상호의존, 전체사회의 하위체계
- 문화의 개념
  인간집단의 생활양식이며 주요한 사회환경
- 문화체계의 특성
  자녀양육방식, 사회화, 교육 등의 과정을 통해 개인의 성격형성에 영향
- 체계로서의 문화
  문화체계의 특성 : 학습성, 보편성, 상징성, 역동성, 다양성

참고문헌

권육상(2000). 인간행동과 사회환경. 유풍출판사.

서미경(1997). 정신분열병 환자의 부모폭력에 관한 연구. 이화여자대학교 대학원 박사 학위논문.

서봉연 · 이순형(1983). 발달심리학 : 아동발달. 중앙적성출판사.

손광훈(2010). 인간행동과 사회환경. 공동체.

송명자(1999). 발달심리학. 학지사.

이근홍(2015). 인간행동과 사회환경. 공동체.

이인정 · 최해경(2010). 인간행동과 사회환경. 나남신서.

이훈구(2000). 성격심리학. 법문사.

중앙노인보호전문기관(2018). 2018 노인학대 현황보고서. 보건복지부 노인정책과.

최옥채 · 박미은 · 서미경 · 전석균(2015). 인간행동과 사회환경. 양서원.

통계청(2013). 2013 자살실태조사.

홍경자(1995). 합리적 정서적 치료. 윤순임 외 편. 현대상담 · 심리치료의 이론과 실제. 중앙적성출판사, pp 295-296.

Bandura(1977). *Social Learning theory*. Englewood Cliffs, NJ : Prentice Hall, p. 345.

Crain, W. C.(1983). 발달의 심리. 서봉연 역. 중앙출판사, pp. 128, 280, 317-323.

Dorfman, R. A. de.(1991). 임상사회사업기술론. 임상사회사업연구회 역. 홍익재.

Erikson, E. H.(1959). *Identity and the Life Cycle : Selected Papers*. New York : International University Press.

______________(1980). Identity and the Life Cycle. New York : Norton.

Flavell, J. H.(1983). 인지발달. 서봉연 · 송명자 공역. 중앙적성출판사.

Gibbons, J.(Ed.)(1955). *I. P. Pavlov : Selected Work*. Moscow : Foreign Languages Publishing House.

Gould, S. J.(1978). *Transformation, Growth and Change in Adult Life*. New York : Simon and Schuster.

Hall, C. S., & Nordby, V. J.(1985). 융 심리학 입문. 최 현 역. 범우사.

Hjelle, L. A., & Ziegler, D. J.(1981). *Personality Theories : Basic assumption, research and applications*(2nd ed.). McGraw-Hill Book Company. 이훈구 역(1994). 성격심리학. 법문사.

Hofstede, G.(1996). 세계의 문화와 조직. 차재호・나은영 공역. 학지사.

Kadushin, A.(1974). *Child Welfare Services*. New York : Macmillan.

Kalmuss, D.(1984). The Intergenerational Transmission of Marital Aggression. *Journal of Marriage and the Family*, 46.

Kleinberg, O.(1938). Emotional Expression in Chinese Literature. *Journal of Abnormal and Social Psychology,* 517-520.

Levinson, D. J., et al.(1974). The Psychological Development of Man in Early Adulthood and the Midlife Transition. In D. F. Ricks, A. Thomas, & M. Roff(Eds.), *Life History Research in Psychopathology*. Minneapolis : University of Minnesota Press.

Liebert, R. M., & Spiegler, M. D.(1990). *Personality : strategies and issues*. Pacific Califonia : Brooks/Cole Publishing Company.

Maslow, A. H.(1967). A Theory of Metamotivation : the Biological Rooting of the Value Life. *Journal of Humanistic Psychology,* 7.

Newman. B. M., & Newman. P. R.(1987). *Development through Life : A psychosocial Approach*(5th ed). California : Books/Cole Publishing Co.

Norlin, J. M., & Chess, M. A.(1997). *Human Behavior and the Social Environment : Social System Theory*. Boston : Allyn and Bacon.

Schwartz, M. D.(1987). Gender and injury in spousal assault. *Sociological Focus, 20*, 61-75.

Seligman, M. E. P.(1975). *Helplessness : On Deperession, Development and Death*. San francisco : Freeman.

Stewart, D. E., & Robinson, G. E.(1995). Violence against women. In John M. Oldham, Michelle B. Riba(Eds.), *Review of Psychiatry*. Washington D.C : APA.

Sullivan, Harry S. M. D.(1953). *The Interpersonal Theory of Psychiatry*. New York : W. W. Northon & Company, Inc.

Thomas, R. M.(1985). *Comparing Theories of Child Development*. Belmont, CA : Wadsworth.

찾아보기

[인 명]

[내 용]

저/자/약/력

■ 최형임
대구대학교 대학원 사회복지학과 박사
영남대학교 영천병원
영진사이버대학교 사회복지계열 교수

■ 임우현
대구대학교 대학원 사회복지학 박사수료
함께하는 마음재단
영진사이버대학교 사회복지계열 교수

■ 정연모
대구대학교 대학원 도시학과 박사
사회복지공동모금회 경북지회
영진사이버대학교 사회복지계열 교수

인간행동과 사회환경

|공저자| 최형임 · 임우현 · 정연모

|1판 1쇄| 발행 2023년 10월 30일

|발행인| 김 동 훈
|발행처| 공 동 체

|주소| 경기도 고양시 일산동구 호수로 358-39, 동문타워 I 905호(백석동)
|전화| 031) 814-3000(대표)
|팩스| 031) 814-3100
|홈페이지| http://www.compub.co.kr
|전자우편| compub@naver.com
|출판등록| 2005년 10월 6일
|등록번호| 제396-2005-36호

|ISBN| 979-11-6725-516-7
정가 13,000원